生活镜头习作

何 斐 著

吉林出版集团股份有限公司

图书在版编目（CIP）数据

生活镜头习作 / 何斐著. –– 长春 : 吉林出版集团
股份有限公司, 2017.12
　　ISBN 978-7-5581-4253-6

　　Ⅰ.①生… Ⅱ.①何… Ⅲ.①作文课 – 小学 – 教学参
考资料 Ⅳ.①G624.243

中国版本图书馆 CIP 数据核字（2017）第 330718 号

生活镜头习作

作　　者：何　斐
责任编辑：贺　谊
封面设计：凯　旋
出　　版：吉林出版集团股份有限公司
发　　行：吉林音像出版社有限责任公司
　　　　　吉林北方卡通漫画有限责任公司
地　　址：吉林省长春市人民大街 4646 号（邮编：130021）
印　　刷：杭州佳园彩色印刷有限公司
开　　本：787mm × 1092mm　1/16
字　　数：157 千字
印　　张：11.5
版　　次：2017 年 12 月第 1 版
印　　次：2021 年 9 月第 2 次印刷
书　　号：ISBN 978-7-5581-4253-6
电　　话：0431-86012906
定　　价：39.80 元

习作，雏鹰凌空的新起点

——读《生活镜头习作》有感

（代序）

　　非常荣幸，能成为何斐老师《生活镜头作文》的"第一读者"。闻着清香的油墨味，我先睹为快。一拿起书稿，就被她清新的语言、细腻的描绘、创新的写法所吸引。她把作文指导与素材开拓融合在一起，把枯燥无味的写作指导与生动活泼的故事交织在一起，令人耳目一新，学到许多新鲜的知识。

　　全书克服呆板的写人、记事、绘景、状物的分类叙述，巧妙分成三大板块：教学导航篇、实践演练篇、创意延伸篇。写法独特，颇有新意。其中"实践演练篇"又着墨最多、剖析最深，之中"素材开拓"是抛砖引玉，引领孩子们仔细地去留心周围的一个个精彩的生活小镜头；"习作精评"为孩子们的习作画龙点睛、以例说法，形成　篇篇更鲜活、灵动的生活作文。

　　以"走进学校生活"为例，何斐老师先在"素材开拓"中介绍学校美景、课堂乐趣、课间友谊、运动活动等的细节，打开学生思路，激发学生写作兴趣，指导学生如何在众多的材料中巧妙选材；再在"习作精评"中用学生例文开展具体指导、点明方法，从字词、句段着手到谋篇布局，从局部眉批到全文修改，再整理成文、总结点评，由点到面，层层推进，从中概括出这一类文章写作规律。总之从理论到实践，再回到理论，给学生一个全面、透彻、有效的方法引领。

　　本书知识面广，含金量高。有记事、写人、绘景、状物，都是课标中记实作文的重要部分。选用的例文很有代表性、典型性，呈现的版块融思想性、趣味性与写作技巧于一炉，发挥正能量，符合学生口味。这是何斐老师多年来独家创新教学，用心提炼，勇于实践的作文教学的智慧结晶。

　　书中还提倡在智能手机上写微作文，不打草稿，出口成章，下笔成文，节奏快，效率高。这对训练思维敏捷性、构思的准确性，文字表达顺畅性，是一种很

好的方法。

这样的作文指导书必能成为家长的好助手，是教师的好参谋，是学生的好朋友。

家长有了这本书，你读下去就可以掌握指导孩子作文的门径，了解了小学作文的基本体系结构，便于指导孩子。教师有了这本书，特别是参加工作不久的年轻教师，掌握作文教学的全过程，你将花较少的精力，获得更多的习作教学知识，少走弯路，切实开展学生习作指导。学生读了这本书，可以学到写什么、怎么写的技巧，使作文变得更轻松。

学生的作文是文字训练，是写作的起步，它是金字塔的基座，是雏鹰凌空的新起点。鼓励指导孩子掌握写作本领，是今后搞好学习，做好工作的基本条件，也是提高全民族文化素质的关键。何斐老师在繁忙的工作之余，辛勤写作《生活镜头习作》这本书，一为提高学生作文水平，二为梳理、丰厚自己的习作教学经验，有价值，有意义！

是为序。

郑志刚

2017年5月3日

（郑志刚　浙江省作家协会会员，儿童文学家，现任《中国未来文学家》杂志特邀副主编）

目　录

第一章 "镜头"为生而聚焦

妙拨心弦，让儿童习作灵动起来

> 作文像一根绳子，拉一下，
> 便把飞走的心拖回来了。
> 作文像一把小锁，咔嚓一下，
> 便把我们牢牢套住了。
> ……

这是一个孩子写的关于写作苦恼的小诗。

我们的学生究竟是从什么时候开始怕写作的？试想：一个习作前就觉得没内容，习作时没有兴趣写，写作后又体会不到成功体验的孩子怎么可能写出好的作文？

有句话叫作"心动不如行动"，其实行动都是从心动开始。学生写作文也同样，心动了，写出的文章才会是真诚的，流露出的情感才会是真实的。《语文课程标准（实验稿）》也指出："写作教学应贴近学生实际，让学生易于动笔，乐于表达"，达到"我口抒我心，我手书我口"的目的。

笔者深切体会到习作教学要"妙拨心弦"，让学生"心动"起来，习作才能真正走进学生的心里，最终达成思维驰骋、童心飞扬！可见，"心动"是促进学生写作的内生动力，是习作教学的支点。

一、切合需要，置换命题，激活学生"心动于中"的话题

儿童写作，如果一眼能从题目中产生写作动力，预感到驾驭文字的乐趣，那么习作就成功了一大半。命题贵在创新，贵在激发兴趣，以教材为依托，从编者意图出发，用儿童文化的维度来加工、重组和整合，就能以趣味性作为内在动机来激发儿童参与活动的积极性，诱发他们的写作愿望。

1.设置新颖的题目，切合学生心动的体验

教材中的命题是为了适应各地学生的需要，往往设置很宽泛，如《春游》《游览一处地方》等等。四年级上册教材中写"一种熟悉的小动物"，为"钻进学生的心里"，我对教材中的题材作了"置换"与修改，更贴近孩子的生活。我设计了两组颇具特色的题目：第一组是《我为你取个名》，第二组是《宠物宝贝入"梦"来》。怀着一份期待，我给每一位学生发了一份通知：

关于"动物宝贝竞选"的通知

同学们：

在你的生活中，一定有你喜爱的小动物。也许你喜欢它的调皮滑稽，也许你喜欢它的温柔可亲。给它取个名，多有趣！也许，你和它之间还有不少的故事。下周，我们将举办"动物宝贝竞选"活动，希望你走近动物朋友，用心观察，将你的笔当作照相机吧，为你的宠物宝贝"拍"下最佳形象。

内容包括：外形、脾气介绍，表达对小动物的喜爱之情，写上和你相处过程中的二三事，还可以为它拍照片，并附上文字说明。

同学们，赶紧行动吧！预祝你们竞选成功。

四（2）班 语文教师

两周后，我们的"动物宝贝竞选"开始了，同学们声情并茂地朗读着为自己心爱的小动物写就的竞选稿。那些与小宠物相依相伴的时光，充满着童稚和情趣。教室里时而笑声喧哗，时而掌声雷动。学生自由倾吐心声，有喜有泪，有感动，有伤痛，真情的言语汩汩流动，小动物的形象栩栩如生，跃然纸上。因为这样的"新型"有趣的命题让学生马上有了心动的体验，快速找寻到了写作的材料，把情感、体验真切地引到了具体实在的话题上了，习作当然蘸满了情感。

2.开拓新鲜的题材，进入学生心动的频道

学生对一些老话题早已失去了新鲜感，作为教师可以在命题中给学生一点诱导，一点启发，引出一个个话题，给学生一种新鲜感，让孩子心动。平时的作文课堂上，我有意开拓新的写作话题，引导学生留心新事物，这样就丰富了写作的"新"内容。

这是笔者的一次六年级想象作文的教学过程：

《流泪了》（想象作文）

浮想联翩：10分钟之内请你猜想并说说"他（她）为何流泪"（不少于5种）。

师：归纳一下同学们的答案，请看大屏幕。

> **想象1：悲伤之泪**
> 成绩不够理想被责骂；生活中的烦心事太多；看了一篇感人的文章……

> **想象2：喜悦之泪**
> 通过艰苦锻炼，在运动会上取得来之不易的金牌；中彩了，喜极而泣；第N次投稿终于发表……

> **想象3：常事之泪**
> 吃麻辣火锅；眼睛里掺入了沙子；刚点了眼药水……

师：同学们，请再发挥你的想象，除了人类会流泪外，其他如小草、小树……再想一想：还有什么"特殊的眼泪"？（屏幕上显示）

> **想象4：特殊之泪**
> 树叶上挂满了露珠；树皮被刻画后流出汁液；鳄鱼的眼泪……

这样的题材学生非常喜欢，思维的角度多姿多彩，写出来的作文灵性流淌。

3.设置连续的话题，融入学生心动的场景

我经常换位思考，思考孩子们喜爱、熟悉的心动话题，顺势利导设置系列话题，拨动学生心弦，让学生有话可说、有情可抒。比如男孩子对陀螺很感兴趣，各色陀螺悄然旋转于课桌间、走廊处，于是我围绕"班级陀螺流行风"系列活动，拟了话题：同学们，最近班级在流行什么？围绕陀螺的故事，你们自己确定题目。写一写各种新鲜的玩法，比拼的场景，期间的喜乐……这样的话题融入学生心动场景，写出的作文富有趣味和情感：《小陀螺转转转》《我爱在课桌上"唱歌"》等。

观察与日记牵手也是一种很巧妙的、连续激发学生"心动"的方法。四年级上册学习"观察"单元课文后，我把"观察"这一话题转化成"给小植物编连续剧"。学生把"泡豆、育苗"看成是一件好玩的事情呢，写日记就在每天的新发现中欣喜地完成。

我们都知道，巴金曾写过"为了看日出，我常常早起"，如果换成"为了写日出，我常常早起"，那份写作的情感和意味就没有那样浓烈了，《海上日出》的佳作可能"变味"了。可见切合需要，持续拨动学生心弦，学生既有素材可写，又能激情运笔，在自由的表达中，让丰富多彩的个性语言自由流淌，使写作的兴趣日渐高涨。

二、体验生活，抒发真情，营构学生"心动于中"的活动

"正襟危坐"的写作时代已经成为过去，"有意思"胜过"有意义"，在习作中要倡导学生自主拟题，少些命题作文。所以笔者认为，习作一定要与儿童当下的生活紧密联系，多建构学生"心动于中"的活动，当情趣、兴味氤氲弥漫之际，学生表达的愿望也油然而生。

1."文字滚雪球"——让随意式活动成为心动的往事

笔者经常引导学生把自己有触动的日常活动，或用内容概括的方式，或用一两句心得来记录，以便掌握第一手大容量的写实作文素材。诸如旅游、逛街、做家务、观赏影视等，都可撷缀入"生活拾贝"采真集，等到写作的时候，再从中筛选，使之"以小见大"或"平淡中显新奇"，灵动的文字就会涌现出来。如《校园生活》这个话题，我班学生从下面几个方面去采撷自己心动的体验（标题笔者加上的，节选）：

校园生活素材多　之一

生动课堂乐趣浓

课堂上我们尽情展示才能，大胆表达独到的见解：声情并茂的语文课上，我们尽情朗读课文，感受古诗词的无穷魅力；生动有趣的科学课上，老师带领我们做实验进入科学的殿堂，那是多么令人神往呀！还有期待已久的大作家、外教老师来到课堂与我们交流、畅谈，那份感觉就更独特了！

校园生活素材多 之二

休闲课间友谊纯

课间，我们有的依傍在栏杆上，凭栏远眺；有的聚集在长廊上，尽情游戏。课间虽然短暂，但很珍贵，是交流心得，倾诉心情，收获友谊的休闲时光……

校园生活素材多 之三

实践活动见识长

说起校园实践活动，一幕幕难忘的情景就浮现在眼前：紧张有序的军训演习，别出心裁的环保时装秀，千方百计吸引同学来购物的"爱心小书市"，还有难得一见的教师走秀呢……这一切都是那么美好，值得珍惜和回味。

通过梳理和"文字滚雪球"，一句句便签式的语句就变成了一篇篇灵性流淌的习作。徐晨琦同学这样记载《明天要军训了》：

"发军服喽！"只见一大堆迷彩服、军帽堆在讲台上。换衣服时，发生了许多趣事：因为衣服是随机领取的，一点也不合身。矮小的同学衣服几乎垂到了膝盖上，裤腰肥得像个水桶，一穿上就掉下来，我也是其中之一。而高大的同学的衣裤反而显得小了，吊在那边像个小丑，根本穿不上。大家你看着我，我看着你，哈哈大笑。

由此不难看出，让学生从不同角度、不同时空、不同对象去体验、记录，把"发现"速记下来，心动的素材就会久久藏于心底。"文字滚一滚"触动学生心中的情感，在孩子们的笔下的习作会变得多彩多姿。我还引导学生透过这些简单的速记文字，做个消息灵通的"小记者"，去采访、去辩论生活中"台前幕后的精彩小故事"。这不仅丰富了写作的"新"内容，而且使学生在写作过程体验到浓浓趣味。

2."游戏招招鲜"——在专题式活动中采撷心动素材

"在教学中要放大儿童的情趣，要努力在习作的各个环节创造出充满童真童趣的活动细节和游戏情境,将儿童挟裹其中，欲罢不能"。(何捷) 我在班级中经常组织生动有趣的活动。活动一结束我总是不失时机地抓住活动中精彩的一瞬间，引导学生真实抒发所见所感。在班级"游戏节"后，黑板上就出现了我的"写作告示"：

同学们，游戏在你们的生活中是唱主角的。就内容而言，大至战场纷杀，小至昆虫争斗；就形式而言，可辩可唱，能歌能舞；就心情体验来说，或紧张刺激，或轻松享受……游戏，让你们的生活变得更加丰富快乐，多姿多彩。当游戏与习作牵手的时候，就是你心灵释放的快乐时刻……

于是，各类写游戏的文章就新鲜出炉了，有写多彩游戏中细致观察的《走走走，小鱼游》《刺激的抢！抢！抢！》；或写科学游戏中探索知识的《吹泡泡》《摔不破鸡蛋》，还写在合作游戏中直面哲理的《巧手解千线》……其中一篇写创意游戏的习作很抢眼：

主意一定，我就开始动嘴了。我先用门牙啃出大致轮廓，然后使出浑身解数，时而用下牙来回磨动，时而用湿润的嘴唇去抿，时而像小狗一样伸长舌头去舔。"功夫不负有心人"，一根栩栩如生的"骨头"展现在眼前，我得意地左右端详着。这时，我发现"骨头"还不够完美，就用上门牙小心翼翼地磨。突然，"咔嚓"一声，饼干一分为二了。天啊！我顿感一阵天旋地转……

沮丧至极的我拿着"骨折"了的饼干，无奈地看着。咦！这断裂的饼干不就像一颗爱心吗？欣喜若狂的我又开始了新一轮的创作……《咬"创意"饼干》

学生的别样体验化成一篇篇与众不同的文章，或洋洋洒洒行文千字，或短小精悍内含深意，如此篇篇习作，稚嫩但不乏灵气。聆听着一个个孩子的童心真语，翻阅着一篇篇灵动的、鲜活的"活动作文"，我不禁掩卷深思：本次习作的成功，缘于活动中学生有最真切的感受！源于即时抒写心动的瞬间经历，"活动"过后抓住这种最"鲜"，儿童被挟裹其中，吐露自己最童真的心声。

3. "精彩巧定格"——创造式活动碰撞出心动的创意

在生活中总会有那么一些转瞬即逝的精彩创意场面出现，教师应成为学生活动的用心发现者，细心捕捉者。我经常捕捉这些场景，用照相或摄像的方式保留下来，在大屏幕上"定格"。然后利用富有创意的活动场面，刺激学生大脑，启迪学生心智。

题例一：《餐桌笑语意味长》（出示学生在餐厅的一组情景照片，配上"语言"）

大意如下：两个值日同学已吃好中午饭，他们站在饭桶旁边高声问：还有没有人"要饭"！顿时，一同学站起来反驳：我们不是"要饭"的！值日生辩解……

据此情景，我让学生仔细观看"定格"的精彩画面，想象他们会怎么辩论。随后我组织了一场别开生面的辩论赛，引发了学生创造性的习作热情，生长出新的写作视角。在教师引导下，意犹未尽的同学带着思考，记录下同学们的表情神态，言语动作，在周记中写下了《都是语言文字"惹"的祸》《喷饭的笑话》《此"要饭"与彼"要饭"》……一篇篇文章真实自然，情景历历在目，跃然纸上，充满辩思，虽稚嫩却有无限创意！

身处童年的孩子，寻求新鲜快乐的生活是他们的本性，教室里的追逐，草丛里的寻觅和雨中的球赛……童年的故事就是这样毫无预设地发生着、行进着。因此，我们的习作教学要及时为儿童开掘适时的活动，让儿童心甘情愿、满怀喜欢顺着你的"导"，彰显他们独特的言语个性。

三、多元妙评，持续接力，增长学生"心动于中"的能量

对照新旧两版课程标准，我们不难发现，新课标中不论哪个年段的习作评价，更侧重的是对学生习作兴趣的肯定，对学生习作愿望的鼓励。作文不因评价结束而结束，而成为新一轮作文的"加油站"和"助跑器"。

1.用赞美为持续接力"加油"

每篇习作都是学生的智慧付出，我特别注意从学生习作中的一个词、一句话去发现遣词造句的"闪光之处"，从过渡语、中心句及整体去发现文章谋篇布局的"精妙之处"，用赞美激发其心动，在心动中为习作持续接力。

其一，显微赏细找亮点

对学生写话中用得好的句子、词语，我总是不惜笔墨用着重符号或波浪线醒目地标出，并给予相应的附加分：一处好词奖 2 分，好句奖 3 分，好段奖 5 分，使用"百分 + 超越分"，即"超越百分制"，还加以激励性的语言评价和学生一起分享成功的快乐。如干家务后学生写的作文，就有许多篇荣获"100+10"：例如：徐晨琦写的《剁"千刀肉"》：　肉就像被无限细分的空间一样，越来越碎、越来越细。更像细胞分裂一样神奇无比，以几何倍级的速度分化着……我越发得意，还创造出一个新招："显出字形"，从左到右，从右到左，一刀一刀排列着细剁，在肉上剁成了一个个"井"字……

我又创造出"跳舞剁肉"。我像一个演员一样，边"跳舞"边剁，还不时转几圈身子，剁肉过程中，我很快乐，因为我将枯燥的劳动变成了有创意的活动。

评改：貌似平淡的家务活却写出了新意，得超越分 10 分。全文通畅，有

条理的写出"肉的细分过程",特别是"像细胞分裂""显出字形""跳舞剁肉"等描写生动、风趣,是一篇优秀习作,得 100。最后总评:"100 + 10"。批改后,我在课上会把每个学生的优点,尤其是学困生的一两处优秀语言再读一下,学生会很感激,很喜悦,有的甚至长久不忘。

其二,情境再现补"盲点"

情境再现可以让学生的作文从虚幻走向现实,从平淡走向精彩。如一个学生第一次写的作文《泡茶》:

我先把茶叶放到杯子里,然后往杯子里倒了一点热水。哇,热水像龙卷风一样把茶叶卷了起来。不一会儿,茶叶们一个一个浮在水面上了。咦,有一片茶叶掉下去了,又有一片茶叶掉下去了,没过一会儿,其他茶叶也跟着一片一片地掉了下去。

阅读《泡茶》后,我发现许多同学只是记账似的叙述,观察随意,语言不精确、不生动。于是我就特意抽出时间组织学生再次泡茶,并用摄像方式呈现茶叶浮浮沉沉的动态过程,因为有了进一步的感官刺激,有了"镜头"的投影与呈现,学生第二次写这篇作文时思绪喷涌,一篇篇灵动的习作跃然纸上:

哇,热水像龙卷风一样把茶叶卷了起来。茶叶们个个惊慌失措地逃到了杯口。片刻,水就平静了下来。茶叶们一个一个懒洋洋地躺在水面上。仔细一看,啊!那些茶叶们正大口大口地喝着水呢!接着,茶叶们开始调皮起来。老大学着跳水运动员抱着脚翻着跟头跳下来,老二和老三比老大还调皮,它们沿着杯壁"嗖"地滑了下来。老四还是个小妹妹,一不小心掉了下去,摔了个大跟头,压在了大哥哥们的身上……

所以在批改时对出现的问题,我采用情景再现或细节放大的方法让学生从中观察,得到启发。在分享快乐中培养儿童独特的观察视角,给孩子一片释放童真的晴空,这样学生写作就有了劲头,有了信心。

2.以展示为持续接力"助跑"

评改完习作,我请学生把优秀习作电子版发至我的邮箱中,在班级 QQ 上发表并将优秀习作通过"校信通"让家长知晓,再将优秀作文贴在教室四周,同学们课下围在专栏前欣赏、交流,相互激励、相互促进,效果十分显著。

鼓励有天赋的学生写小说。学生任天笑是一位极爱写作文的男孩,他写成一部魔幻小说《燃烧吧,魔法师》共五万多字。他每完成一章手稿,就交给我审阅,我把小说中的优秀片段在班级中诵读,以此激励他坚持写下去,并号召同学们在班级里传阅、评议。假期里，我帮他进行多次修改、编辑、排版，还写了一篇3000多字的序《一个爱写作文的孩子》，孩子和家长非常开心、感激。试想一下，若干年以后，当孩子还能阅读到自己童年时代的文字，看到自己童年生活的记录，那该是怎样的激动和温暖。

除此之外，我还在班级里开展"真枪实弹"的征稿活动。笔者是《小学生作文辅导》"金笔尖作文教室"的特约作者，师生"联手发表"，这是激发学生习作持续接力的妙招。我写完一篇文章后需要学生相关的例文，学生在我的指导下写作，被选中的例文直接发表在高档次的杂志上。"发表"让学生心动不已，它像磁铁一样牢牢吸引着全班学生的习作热情，学生的习作越写越精彩，在一站一站的"小跑"中接力不断、惊喜不断。学生说："以前看到报纸上的同龄人作文总感到很神秘，没想到自己的作文现在也发表了！还有稿费呢！"这使许多学生也跃跃欲试，班级里形成浓厚的写作氛围。每一个人内心都希望被人发现、赞美，"发表展示"就是最好的持续接力"助跑器"。

前苏联教育家赞可夫说："只有在学生情绪高涨，不断要求向上，想把自己独有的想法表达出来的气氛下，才能产生出使儿童的作文丰富多彩的那些思想、感情和词语。"教师顺势利导，巧妙拨动儿童的心弦，使整个习作都处于一个开放、动态的过程，使"心动"情感贯串作文的全程。学生心动起来了，那么写作欲望之火，就一定会熊熊燃烧起来，言语和精神就会变得敞亮。这样写出来的作文才能烙上学生个性情感的印记，涂上独特心灵的色彩。

进出文本间　言意留笔尖
——对有效开展课堂小练笔的三"点"叩击

四月中旬，上虞学区优质课评比活动如火如荼般开展，笔者作为评委参加了语文课堂考核，其间许多课堂小练笔给我留下深刻印象。有些教师能引导学生从语言入手，直指人文内容，然后再回归语言，在语言与人文的融合中品味、积累、运用，真是妙不可言！当然也有些课堂未能有效发挥小练笔的优势，如不能实现语言有效迁移，缺乏真情实感等。我觉得"小练笔"已成为教师广泛认同的一种运用性的训练方法，如何进行课堂练笔，既有效地提高学生的言语运用水平，又深挖文本内涵、升华主题呢？

根据课堂练笔角度丰富、形式多样、评价及时的特点，关键在于把握课堂练笔的时机。让练笔无痕地融合在一篇篇文质兼美的文本教学之中，将个性化的解读感悟流淌笔尖，从而有效地提高学生的写作能力，并注意"练笔"内容的斟酌和"练笔"方式的多样化，让学生通过练笔在生长言语的同时积蓄精神生命的源流。唯有如此，课堂练笔才能彰显其独特的魅力，成为课堂上一道永恒的亮丽的风景！

一、解读文本，追寻小练笔的最佳落点

现行语文课文收录了一篇篇文质兼美的文章，是让学生仿照"例子"练习的好材料，是教师可以精心选择仿写之"落点"。在教学精彩篇章时，教师只要紧紧依托文本资源，适时进行经典句、段、篇等方面的模仿、迁移，在潜移默化中，学生就自然而然地掌握了经典的写法。

1.感悟句式精彩点，提高遣词造句之能力

句是构成段的最基本单位。文本中有许多精美片断用了特殊句式，教师在阅读训练中要善于挖掘句子精彩点，精心选择读写结合点，进行仿句练笔。

《圆明园的毁灭》描写昔日的辉煌建筑：圆明园中，有金碧辉煌的殿堂，也有玲珑别透的亭台楼阁；有象征着热闹街市的"买卖街"，也有象征着田园风光的山乡村野。用了"有……，也有……；有……，也有……。"的句式，描写了这个犹如人间仙境，巧夺天工，美不胜收的皇家园林。笔者教学时引领学生充分品读、感悟语言特点的基础上，让学生模仿该句式写写其他的景物，有学生这样仿写：圆明园中有宛如仙境的蓬莱瑶台，也有巧夺天工的武陵春色；有古色古香的民族建筑，也有风格迥异的西洋景观。漫步园内，有如漫游在天南地北，饱览着中外风景名胜；流连其间，仿佛置身在幻想的境界里。

学生笔下圆明园又有了一番独特之美，形容词和句式的融合运用，巧妙搭配，使仿写与课文阅读融为一体。灵活运用所学句式，从仿句起步，得心应手、融会贯通地掌握各种句式，在无痕中提高言语运用能力。

2.体悟句段精巧点，掌握段落构造之方法

有强烈语文意识的教师会从文本语言的不同角度发现仿写之处。仿写是引导学生领悟作文方法的有效途径。文本中出现的精彩语段，教师除了引领学生反复诵读感悟，还要巧妙抓住进行练笔。

《找春天》是一篇极美的文章，其中第 4－7 自然段是这样写的：小草从地下探出头来，那是春天的眉毛吧？早开的野花一朵两朵，那是春天的眼睛吧？树木吐出点点嫩芽，那是春天的音符吧？解冻的小溪叮叮咚咚，那是春天的琴声吧？笔者在教学时让学生美读，读出春天像个花枝招展的小姑娘，读出排比句的朗朗上口。学生依葫芦画瓢，高质量地仿出一首优美的小诗：绿油油的草地赏心悦目，那是春天的新装吧？婀娜多姿的柳树在风中摇曳，那是春姑娘的秀发吧？灿烂的桃花在枝头绽放，那是春天的笑脸吧？……拟人和比喻的巧妙运用，使语言富有童趣、充满了生命力，文中虽有"仿"的痕迹，更显"创"的内容。经常让学生随文进行这种小型有趣的练笔，学生在短时间内写出不少浅显生动、童趣横生的语段。有时把这些并列语段串一串，改一改，一篇妙趣横生的集体作文就产生了。以课文经典段落为练笔的突破点，打通了阅读教学与作文教学的通道，使两者和谐共生、相得益彰。

3.品味篇章独特点，领略布局谋篇之诀窍

既要着眼于整篇诗歌的模仿练笔，也要抓住某方面独特"点"，如结构的安排、材料的选取、顺序的转换等训练学生构思成文，领略篇章的结构独特处。

《和我们一样享受春天》是四下年级一首儿童诗，全诗通过"可是"一词

转折，把"本来"与"现实"加以对比，表达了诗人对战争的愤慨与不满。

笔者在教学中抓住诗歌中本来与现实"转折"对比的鲜明意象，进行转换写话训练，由此及彼，趁热打铁。

《和我们一样享受春天》（原文节选）

蔚蓝色的大海 \ 本来是海鸥的乐园 \ 可是巡弋的战舰和水雷

成了不速之客 \ 这究竟是为什么？

金黄色的沙漠 \ 本来是蜥蜴和甲虫的天下 \ 可是轰隆隆的坦克和大炮

打破了他们的梦幻 \ 这究竟是为什么？……

《和我们一样享受春天》（学生习作）

蓝蓝的天空，	洁白的教室，
本来是云朵们的游戏场所，	本该充满孩子们琅琅的读书声，
可是一颗颗火箭炮，	可是一颗颗罪恶的子弹，
打破它们的美梦，	阻挡了他们求知的脚步，
这究竟是为什么？	这究竟是为什么？

课文篇章中的重点词语"可是"，是行文结构、布局谋篇、语言技巧的聚集点，引导学生品味篇章结构，在写话中把它仿写成具体可感、触手可及的鲜明形象：火箭炮打破白云们的美梦，罪恶的子弹阻挡了孩子们求知的脚步……通过鲜明的意象，倾诉心中对和平的期望。实践证明，儿童都有着天然的模仿才能，但是"仿"不是目的，我们重要的是要指导学生在"仿"中求"创"，"仿"中求"活"，"仿"中求"新"，通过练笔，学生从不同程度上掌握布局谋篇的要领。朱熹曰："古人作文作诗，多是模仿前人而作之，善学之既久，自然纯熟。"

二、深化文本，点燃小练笔的价值亮点

小学语文教材里的每一篇文章都有多个层面的教学价值，需要老师去挖掘"价值亮点"，带领学生读到文本骨子里，对关键词语简略之处进行扩写，对重点句子未尽之意进行补写，对文本矛盾之处进行评述。去挖掘文本的"微言大义"，立体地诠释文本内涵，促进对文本新意义的发现与构建，提升小练笔的内在价值，深化文本的独特内涵。

1.触摸词语未定点，让小练笔激发心灵体验

作品使用的语言是一种具有审美功能的表现性语言，包含着"不确定性"与"空白"，课文中这些"未定点"，是语言形象、语言情感、语言技巧的聚集点，我们可以引导学生通过练笔想象，挖掘词语的形象内涵，感悟理解词语的情感内涵，让学生在语境中深入理解内容，深切感受情感。

一直记得王崧舟老师在执教《二泉映月》一课时读"坎坷"一词安排的练笔：是啊，你把"坎坷"这个词语读成了长长的一段话。闭上眼睛，让我们用心去看，你的眼前仿佛出现了什么样的画面？你看，也许在烟雨蒙蒙的早晨，阿炳在干什么？也许在大雪纷飞的黄昏，阿炳在干什么？也许他在破旧不堪的房子里，你看到了什么？来，把你看到的画面写成几句话。（学生写后交流）

生：阿炳顶着大风雪来到街道的一个小角落里，拉起了二胡，他拉得那样认真，那样专心。但是，没有一个人走过来听他，甚至有人说阿炳是傻子。

生：在一个大雪纷飞的早晨，阿炳踩着积雪去卖艺，这时的阿炳是多么可怜，又是多么孤单。

师：你们已经用自己的心经历了一回阿炳的坎坷。

生：下雪了，孩子们都在屋外玩雪娃娃，阿炳却在他的茅屋里冻得直哆嗦，因为他的被子已经破旧不堪了。

生：一年四季，阿炳不管严寒酷暑，他都要去街头卖艺，他是那样的饿，那样的渴，那样的冷，这就是坎坷。

师：这就是坎坷。是啊，你们看到，你们听到，你们感到的，那全是阿炳的一段坎坷经历。……

师：带着你的感受，一起读这个句子。（学生读得入情入境）

显然"坎坷"一词就是文本语言的未定点，老师便以此为"突破口"，让学生联系上下文，链接生活想象体验进行小练笔。还原词语意象的课堂练笔，使本来相对静止的、凝固的"坎坷"一词在学生心灵中被激活了，赋予了强烈的、深刻的生命活力。丰富了学生对阿炳这一人物形象的立体感和对他所处的时代背景的认识，学生进入了"坎坷"的意象世界。此时再引读描写"阿炳"坎坷人生的句子，课文的情感与学生的心灵体验很好地融合在一起。

2.开掘句子内涵点，让小练笔触及文本内核

文章中的一些精彩的，含义深刻的，引起共鸣的句子以及细节描写的句子是作者匠心独运之处，作者的人生态度和生活体验表达得最清楚。教学时要舍

得花时间对这些句子进行深挖细掘，让学生有感而发，动心动情地写出"眼中景，心中情"，加深对课文的感悟。

《自然之道》教学片段："**我们干了一件愚不可及的蠢事**。"

师：同学们，假如现在你就是在场的作者和他的同伴或者是向导，回头去找一找，当时哪些想法、哪些做法是"愚不可及"的？用"我们（我）真是愚不可及啊！"开头，发表你的感受。（生练笔后交流）

生1：我们真是愚不可及啊！向导是生物学家，自然知道怎样处理合适，他都说这是"自然之道"，我们却不信他，甚至批评他是"见死不救"，真是太无知，太自作聪明了！

生2：我真是愚不可及啊！身为生物学家，明明内心并不情愿把幼龟抱向大海，可是偏偏又鬼使神差，违心地就把幼龟引向大海，幼龟的这场悲剧，"我"是十足的罪魁祸首啊！

生3：我真是愚不可及啊！他们一齐恳求我要想办法，批评我见死不救，我就顶不住了，就迁就他们了，完全丧失了科学家"捍卫真理"的基本品格，实在有愧于"生物学家"这个称号啊！

学生用语言表达着自己的感悟，在抒发情感的过程中获得精神与语言的同构，这样的练笔不仅是一次习作实践，更是对文本进行的一次"再思考"和"深加工"。在对"愚不可及"一句深刻领悟中把握"自然之道"的内涵，这种更进一层的深入使学生在价值观方面产生某种"顿悟"，升华了对文本的内核把握。"愚不可及"的内涵因学生的内在积蓄而随之丰厚起来，练笔成了此环节的亮点。

3.巧解矛盾冲突点，让小练笔彰显文本张力

一般来说，凸现矛盾的地方，往往最能激发学生的好奇心，探究欲。如果教师善于抓住矛盾之处设计小练笔，既可以避免教学流程平行推进，又可以使课堂状态"简约而不简单"。同时在触一发而动全身的矛盾冲突点引领学生运用小练笔，领悟文本深处蕴蓄的情理，使"练笔"的张力纵横于课堂教学的方方面面。

笔者《上桥》一文，抓住老汉一组矛盾的动作、语言、心理为线索展开教学：

老汉突然冲上前，从队伍里揪出一个小伙子，吼道："你还算是个党员吗？排到后面去！"

"少废话，快走。"他用力把小伙子推上木桥。

师：这一"揪"一"推"，是两个完全相反的动作，您觉得老汉这样做前后矛盾吗？

引领学生在文本"矛盾"处通过品读、感悟，学生读出了老汉这一"揪"等于把生的希望让给了百姓，把死的威胁推给了儿子；老汉这一"推"，又把生的希望让给儿子，把死的威胁推给了自己。此时教师抓住时机，创设练笔情景：老汉用力把儿子推上木桥，突然，那木桥轰的一声塌了，儿子被洪水吞没了。洪水啊洪水，请你等一等啊，等一等。（屏幕出示）如果时间就此定格，此时的父亲的眼里充满了柔情，他慈爱地注视着儿子，似乎在说_____。

随着一个一个字符的出现，学生显然已被深深震撼了。这时让学生提笔写写这一组矛盾的动作带来的强烈感受，让学生沸腾的情思化作文字汩汩流淌出来：儿子呀，父亲揪你出队伍，我不是不爱你！因为我是党员啊！儿子呀……

学生哽咽的话语把矛盾内化成具体可感的体验，课堂也因此出现了"张力"：学生深切感受到这一"揪"一"推"，看似矛盾，实则充分体现老汉是一位爱子的父亲，更是一位爱民的党员，在亲人与百姓之间，他做出了崇高的抉择，明白了"矛盾处的情理交融"。学生对课文的理解有了更深一层的认识，一举两得。

三、创生文本，创造小练笔的独特视点

"给我一个支点，我可以撬起整个地球。"课堂练笔的关键在于结合文本找到恰当的练笔引爆点，有效启动学生的练笔欲望。我们可以引导学生从不同程度上开掘文本的潜在资源乃至创生文本的新资源，来超越文本，创造小练笔的独特视角。这样能让学生在创生语言的同时很自然地吸纳文本内涵，同时激发学生对文本的独特理解。

1. 创造角色转换点，让小练笔深化个性思维

作者写作总有自己的角度，角度变了角色也就变了。在阅读教学中，变换叙述角度，进行读写训练，可充分挖掘课文语言因素，活化课文内容，引发写作兴趣，加深学生对内容的理解。

在特级教师于永正老师的教学中，这样的教例经常可见，一个情境的创设，一个句子的提示，就能把学生带到特殊的情境之中，使课文内容很快变为学生的交际语言。笔者在科普小品文《活化石》教学中，也使用了"角色转换"的小练笔收到极好的效果。学完课文"银杏树"后，我让学生把自己当作一颗银杏树，选择一个特点来写一写，并进行自我介绍。

学生1："我有两个名字叫银杏树，又叫白果树，我是几亿年前的树种，恐龙曾是我的好朋友呢！但他们早已灭绝了，而我还健康地生存着，所以我十分珍贵。

学生2：我长得慢极了。如果你小时候种下我，一直要等你当上爷爷，我才生出"宝宝"，让你吃上我的果子。所以我又有了第三个名字——公孙树。

学生3：你们可能不认识我，但只要看到我的叶子就很容易辨认，我身上一片片的叶子像一把把扇子。

……

从学生的交流中可见，学生在角色变换的训练中，语言生动，个性思维闪现，这绝不是简单的内容移植，而是合理的创造表述。让学生对课文内容进行角色转变，把枯燥的说明文字转化为第一人称生动介绍，进行重新组织、重新表达，这种重组文字的小练笔，对于激发学生兴趣，提高学生的语言运用能力是颇为有效的。

2.创新文本延伸点，让小练笔丰富言语表现

生动活泼的教材，为学生创造了巨大的想象空间。教师活用教材空白，从课文内容延伸开去，并根据儿童情感体验独特，想象丰富的特点，创新文本，引导儿童在创作中训练语言、提升语言，丰富学生言语表现。

笔者在杭州拱宸桥小学执教公开课《画风》中，对课文"风还会在哪里？"这一延伸点，做了一次新颖的小练笔尝试：

师：风来了，风来了！可是风还会在哪里呢？竖起你的小耳朵，边听边想象，找找它在哪里？（放一段"风"轻轻柔柔吹来的轻音乐，放飞想象）。学生练笔想象。

风来了_____，告诉我，风在这儿。（提供创新句式）

生1：风来了，**跳舞的树叶**，告诉我，风在这儿，

生2：风来了，**摇摆的风筝**，告诉我，风在这儿，

生3：风来了，**舞动的窗帘**，告诉我，风在这儿，

（孩子们在优美舒缓的钢琴曲中饶有趣味地创编诗句）。

师：调皮的风呀，**藏在飘拂的柳枝上**。（用不同的诗歌形式表达）

生3：可爱的风呀，藏在点头的小花里，

生4：活泼的风呀，藏在转动的风车里。

……

师：小朋友们用丰富的想象，优美的语言找到了风。缕缕的凉风吹来，给我们带来了别样的美丽和生机。

笔者采用儿童诗形式让学生找找"风还会在哪里"？学生对"风"这一零散的、模糊的认知集中起来，提炼出来，形成了鲜活的文字，学生思维深处最具神韵的诗情无限徜徉。于是"跳舞的树叶""跑步的白云""弯腰的芦苇"等优美语言就从学生口中进出来。于是"风"变得灵动、可爱、俏皮，言语形式丰富多彩。也因为教师敏锐捕捉到孩子眼中的"风"情万种，利用这个开放点，自然地将学生的想象引向生活，当学生的体验与表达相互统一，孩子们表达的欲望变得强烈而富有创意，于是鲜活的语言扑面而来。而通过这种仿中有创的练笔，从不同程度上创生了文本的新资源。

解读文本，深化文本，超越文本，充分利用好课堂主阵地，找准课堂练笔的"点"，才能真正地提高小练笔的实效性。这既对学生写作能力的提高起着独特作用，更对学生言语生命的成长发挥着持续的、潜移默化的熏染陶冶作用。学生在练笔的过程中，不断和文本发生着深层次的对话，将文本的言语表达不断内化、创造，使精神生命不断得到焕发。这些言语实践所带来的欣喜，定会令语文课堂教学充满生命的活力。

（此文发表于《语文课内外》2011 年第 1 期）

给儿童本真习作撑起一方晴空

作文是儿童的人生"史记"。儿童是个体生命成长的一个特别阶段，作文教学只有走进儿童的心灵世界，才会激活其思绪，产生倾吐的欲望。习作要尊重儿童的天性，张扬儿童的灵性，倡导写心口一致、情理一致的作文。只有这样的本真作文，才能成为学生精神生活的重要元素，才能成为塑造学生人格的起跑线。但时下许多儿童作文，由于受应试教育的影响，导致习作言语缺少纯味、题材缺少真味、评价缺少童味。回想自己无论是参与各级作文比赛评分，还是检查作文本，经常读到"缺乏三味"的作文。

【现状点击】

1. 缺乏引领：导致言语缺少纯味

翻开孩子的作文本，一些言语会触目惊心地进入我们的视野：

唉，这"多嘴乌鸦"（班长）如今可是个红得发紫的货色，上有老师撑腰，下有一帮"母老虎"顶着，我怎可放肆？她大概是笑我无能，更得寸进尺了，叽里呱啦地又数落起我来，足足给我上了10分钟的教育课。

晕！同桌可真会PMP（拍马屁），成了班长的"粉丝"。

……

在片段中，儿童的语言缺乏"纯味"，充满着灰色调侃和网络化，而作文本来应拥有的传情达意功能却逐步在淡化。儿童本该有属于他们自己的纯美纯真的童言童语，是什么让美妙的童声"异化"？究其根源，在儿童习作最初时期缺乏优美的语言熏陶和规范的语言积累，长此以往儿童文化严重缺失。

2.生活狭隘：导致题材缺少真味

期中检测中，作文题目是《爱，无处不在》，五十多人的班级中，有十多人写给老爷爷、老奶奶让座，有六人写的是帮同学送伞。

又如《北京晚报》登载过一则趣闻：某中学教师批改学生入学试卷时，正巧看到自己儿子的作文，题目是《我最难忘的人》，跃入这位母亲的第一句话竟是："我母亲在我三岁那年就去世了……"当时她气得几乎晕倒了。

回顾生活，哪来那么多爷爷奶奶可扶？哪来那么多雨伞可送？纵观目前的小学作文实际，我们发现，不少学生的作文缺乏真实，编造作文"蔚然成风"。儿童缺失了鲜活的生活体验，丰富多彩的精神世界逐渐远去。那位写母亲去世的学生，事后并不当回事，他并不以为制造这样的"人间悲剧"会怎么样。在这样的背景下，是将充满真实的个性习作变成了虚假、编造的应试训练。

3.把关过度：导致习作缺少童味

一位朋友曾拿来自己孩子的一个作文本请我指导，在一篇题为《做清明饺》的作文中孩子的原文结尾：哈哈，把我喜欢的一句歌词改一下，送给这些饺子：我很丑，可是我味道很美！

老师在这篇作文的结尾划上横线，并写上这样的评语：这次活动的意义是什么？希望能在作文中"画龙点睛"式的写明，并加了一句：通过这次活动，既锻炼了我们的动手能力，也明白了父母的不易，真是一项有意义又快乐的活动！

为什么会有这样的评价？我想，很大程度上，是因为我们的老师更多地把作文看成一种单纯的"知识体系"，多了教师思想的灌输，少了生命的一种自由欢欣的表达。正因为儿童处在无时不被成人话语"人为遮蔽"的状态，无形中挤压了儿童话语的存在理由和空间。

"远离童年"的作文，没有了"童性"关注，没有了"童年"印记，抹杀了孩子天生的"缪斯语言"。无疑，"本真"习作作为小学生作文教学的一种新形态，已引起了广大教师的注目。笔者觉得作为看守儿童精神世界的语文教师，特别是儿童作文教学，更应当将"儿童"放在核心的地位。翻开《语文课程标准》，一些作文教学的新理念，深深地激荡着我们的思绪："让学生易于动笔，乐于真实表达，为自主写作提供有利条件和广阔空间。鼓励自由表达和有创意的表达。"新的作文教学理念更多地关注着习作者的生命状态和精神自由，倡导儿童写"本真"习作。走向儿童言语和精神相结合的习作教学不仅是一种教育理念和教学姿态，更是一种契合"儿童大纲"的课程构建。

【探寻策略】

基于以上认识，我在班级中倡导学生"我手写我心"，让童心回归纯真本色，告诉学生只有文织着自己的思考、情感、态度和个性的作文，才是一种有

真意义、有真价值的作文。我从三个"度"入手：铺设梯度、拓展宽度和转变角度，大胆突破"常规"，展现学生个性思维和本真语言，让儿童徜徉在语言的规范运用和精神的自由表达相结合的本真作文天地中。

【视界一】铺设习作的梯度，关注本真习作的言语起点

"读书破万卷，下笔如有神。"在儿童金色生命的早晨，需要通过童年阅读打造强壮的精神骨架，熏染柔软的情感，寻找真诚的感动，树立最初的信念。通过阅读，把儿童个性化的言说方式"找回来"，发展开去；通过日记方式来实现"我手写我心"，让儿童习作起点扎实而灵动。

1.让美文引路——感悟言语之密码

利用课外阅读指导课这一活动平台感受阅读的精彩，创设阅读与习作共成长的通道。笔者积极引导孩子阅读充满童趣的各种书籍，低段时推荐阅读童诗童话、寓言故事、儿童小说等等。中高段学生非常适合阅读曹文轩等作家的美文，以阅读童真童趣的文本为主，点滴记录，放飞童心。

能通过阅读寻觅到一些和自己心有灵犀或者神往的词句，那是多么幸福的一件事啊！引导学生在读书笔记中设立形式新颖、极富趣味的栏目：

"心情树"——请学生根据自己的心情去摘录词语或句子。如一个学生这样描述：今天，我考试得了100分，非常高兴。我摘录表示高兴的词语：眉飞色舞、手舞足蹈、兴高采烈、笑容满面、欢蹦乱跳、兴致勃勃、心花怒放、沾沾自喜、欢呼雀跃……这些能生动地表现自己心情的句子或词语，一定会让学生享受"信手拈来"言语表达的快乐。

"模仿树"——对于学生摘抄的精美内容，单单会欣赏还是不够的，教师要引导学生品味语言进行仿写，学习他人遣词造句的能力。适当引导学生在自己的作文中引用或仿写摘抄内容，使自己的作文锦上添花。

除此之外还有**"百草园""宽带网""开心词典""智慧树"**等栏目，学生可以根据自己的爱好选择栏目进行摘录。

感受阅读的魅力，感悟言语的密码。那一篇篇形式不同的摘记是学生阅读之旅的精华，是通过阅读将文字提炼之后的瑰宝。这样逐渐造就学生个性化审美情趣、个性化言语运用手段。引导学生积极与作者的心灵达到沟通与默契，搅动积淀在孩子心底的言语积累，变消极语言为积极语言，感受不同言语的表达效果，与作文表达有机链接。

2.让日记起步——打开习作之源头

传统的日记比较强调"主题先行"，于是日记中出现了"路上捡到皮夹子，红绿灯下扶瞎子，上桥帮人推车子，公交车上让位子，放学后留在教室里擦桌子"，名曰："五子登科"。新课程背景下的日记倡导"我手写我心"，让儿童写一写关于自己体验过的事情，感兴趣的事情。让他们在生活中学会发现、观察、感受，至于思想，也会在不断的表达中渐渐成长。我用日记把鲜活的体验引进儿童的习作视野，让其成为鲜活、动态的习作资源，撷缀入"日记"采真集。

每年春天，笔者都会让孩子们回家培植绿豆、牵牛花，并进行观察、记录，秋天收摘各类花草的种子，感受春华秋实……低年级孩子把它称之为"给小植物编连续剧"。学生们的宝贝植物种活了，由此产生的日记也写活了。

4月3日　星期五　天气　小雨

今天，我分别在一只花盆和一只玻璃杯里种下了一些牵牛花籽和几颗绿豆，又在里面加了一些清水。牵牛花、小绿豆你们快些长大吧！后天，同学还要来看我的培育成果呢！可别让我丢脸哦！要不，我唱首歌给你们听。喜欢听《摇篮曲》还是《剪羊毛》呢？希望明天早上已经看到你们都发芽了。

4月13日　星期一　天气　阴有雨

小绿豆终于发芽了，我好开心。我一直焦急而耐心地等着牵牛花种子发芽，而它却像个稳重的绅士，一直静静地躺在柔软、舒适的泥土中"修身养性"。我都不知在空花盆前徘徊过多少次了。我双手合十，默默地在心里祈祷：我的小植物啊，快快长啊！

日记为学生打开习作的源头，孩子喜欢在日记中用鲜活的文字融进童真、童趣，抒写着他们精彩的内心世界，放飞着自己的灵性。学生在自由的言说中，奠定良好的个性语言基础，作文时就能得心应手，左右逢源，作文的底子日渐丰厚。

3.让模仿导向——进入童趣之频道

我们总是简单地认为，"模仿"就是对个性作文的扼杀，就是创新的天敌。其实不然，儿童的模仿或多或少地揉进他自己的个性和创造，并且模仿有不同的进行层次。

打开新课标实验教材，我们可以看到大量童趣横生的课文，我紧紧地依托文本教材，采用多种模仿方式来培养儿童的写作能力，为提高本真作文能力的发展创造一片绿色天地。

例如：教学《秋天的雨》，在引导学生感受"秋天的雨，是一盒五彩缤纷的颜料"时，先带着学生品读描写银杏和枫叶的语句，感受文章丰富的想象和独特的语言美。之后，引导学生结合文章中的语言进行仿写。由于学生先前已经对这篇文章的语言进行了欣赏和感悟，所以，稍作引导，文思便喷涌而出："它把金黄给了田野，那金色的稻穗像一只只小手，招哪招哪，招来了丰收的喜悦。""它对菊花最慷慨，它把彩色给了菊花，那五彩的菊花像一张张可爱的大花脸，笑啊笑啊，笑来了百花争艳。"

给学生提供有效借鉴的对象和创造的依据，及时让学生进行模仿和创造性运用练习，从而使语言运用练习成为有源之水，有本之木。正如丁有宽老师所说的："读写结合，相得益彰，读写分离，两败俱伤。"模仿时让学生关注个性独特的写作语言风格，模仿同样具有了个性，就打破了千篇一律的格局。模仿，是儿童本真作文教学的魅力"魔方"，儿童习作的言语落点开始闪翅，习作阶梯初步形成。

【视界二】拓展生活的宽度，激发孩子的童心自由飞翔

叶圣陶先生说："心有所思，情有所感，而后有所作。"我们的作文教学很容易被一些教师"教学化""课堂化"，将富有生成性和实践性的习作过程演化为知识传授的单一程式。有形的课堂将作文与儿童真实的生活、鲜活的个性无形地隔开。要打破这种沉寂的格局，就要打开课堂这扇封闭的大门，把鲜活的生活引进儿童的习作视野，激励孩子尽情地抒发自我情感，叙述亲身经历，描绘内心世界，在写作中融入自我的感受与体验，让它成为放飞孩子心灵的牧场。

1.在平凡琐事中绽放真情语言

追寻"儿童本真作文"，首先是要帮助儿童认识习作应当反映自己的真实生活，每个人的生活经历是不完全一样的，它本来就具有个性化的特征。因此培养学生感受生活的能力，本真习作内容应从儿童原汁原味的生活中来，让儿童感觉到习作就是他们真实生活的再现，习作的过程就是他们生命的历程。

这是荣获首届冰心作文奖小学组一等奖作文《妈妈回来了》：

"前段时间，妈妈去杭州学习，去了好长时间，可能有一个月吧。今天，妈妈终于从杭州回来了，我非常高兴！因为妈妈的怀抱很暖和，因为妈妈回来了，爸爸的生日就能过得更好，因为妈妈在家里会给我读书……妈妈不在家的时候，我很想她，想妈妈的感觉，是一种想哭的感觉。"

这篇仅107字的短文是诸暨市三年级小学生两年前写的。据说这篇作文获奖的原因是因为一个字"情"，一句话"想妈妈的感觉，是一种想哭的感觉"。正是这一句话，打动了多少评委，多少父母的心，聚焦了多少老师的眼球，引起多少教师对作文教学的思考。这样本真作文，写的就是自己的真实生活，真实情感，根本无须矫揉造作，情节可以说是非常简单，但简单中尽显个性；文字表达也非常朴实，但朴实中却透出真情。

2.在丰富活动中激发个性思维

"巧妇难为无米之炊"是每个同学都有过的窘境。没有了生活，作家的写作也失去了生存和发展的土壤，更何况是生活积累贫乏的小学生。用儿童的生态构建作文教学，可以把孩子带到野外去，用心聆听那风声、泉音、鸟语……这样，孩子的笔下才会有蓝天白云的美丽、泥土野草的清香，才会把鲜活的体验流于笔端。

（1）正事"歪做"有创意

本真习作内容从儿童原汁原味的生活中来，"有意思"胜过"有意义"，就是要让儿童在平凡琐事中展示生命色彩，再现生活创意，交流思想感情。

一个只会淘气不会作文的孩子，向老师讲述在家中喜欢倒垃圾。为什么？原来，在家里他每天负责倒垃圾。他倒垃圾的办法有点特别，他把垃圾装袋当篮球投，从袋中洒落的就当足球踢，投进踢进就给自己加分，否则给垃圾桶加分。在老师的启发下，他就将这样的事写成一篇小文章《倒垃圾的乐趣》，后来居然发表了。

实际上，在平凡小事中常常会有创意呢，写下来，就是好文章了。比如就学习来说，"写"文章成了"画"文章，学数学成了"唱"数学……生活中，你与众不同的洗衣方法，"我"给爸爸妈妈做了一道奇特的菜……这些身边真实可触的题材，情节可以说是非常简单，只要用心体验，就能在朴实中透出真情。让儿童在"作文"这个天地中，尽情地倾诉个体生命的知情意行，自由地表达儿童的喜怒哀乐。

（2）胡乱尝试成笨事

好奇心是创新型人才的基本素质，有好奇心就愿意去探索，去尝试，创新举动有时可能会办成笨事。孩子们也有过这样的经历，我鼓励他们不要不好意思，写出来与人分享，也是一种进步。赵同学为了在1500米长跑中取得好成绩，使用了"自制土办法"——嚼辣椒。结果，长跑中辣水和泪水一起飞，在

《都是"辣椒"惹的祸》他写道：

我跑跑停停，张大着嘴，喘着粗气，眼睛红红的，一只手不停地抹着眼睛，另一只手扇着风，脚步蹒跚，甚至有点手舞足蹈的样子。哪有一点像赛场上你拼我搏的运动员样儿？幸亏老师没看到我简直与玩耍一样的模样！我又急又愧，朝自己喊道："坚持住！慢跑也可以，千万别走！"我又趔趔趄趄向前冲了一阵，才慢了下来。口干舌燥，这滋味简直受不了！

看完灵动、鲜活的"运动作文"，我聆听到了一个孩子最真切的童心童语。那份焦灼的心情，那种拼搏的劲头已跃然纸上。如此具有现场感的镜头描写，缘于活动中孩子有最真切的感受！

（3）旅游体验成趣事

节假日学生兴趣高昂，其中最大的乐趣就是外出游玩，一边体验生活，一边感受乐趣，那一幕幕情景是孩子心中最难忘的记忆。文字表现欲望自然激发，吐露最童真的心声。

暑假里我带着儿子去海南游玩，他念念不忘的是泡小鱼温泉的情景，在《三亚水之印象》中他写道："小鱼温泉"是怎样的呢？我心中遐想着。不知不觉，来到了小池边。我满怀憧憬向下一望，嘿！池中有许多小鱼，一群一群的，怡然不动，倏尔远逝，往来翕忽，似与游者相乐。我步入池中，水很浅，我静静地斜躺下来。忽然，几条小鱼游过来，围着我转。我紧张起来，一动不动，盯着鱼儿。这时几条小鱼在我脚上叮咬起来，很痒，但我忍住了。随后，更多的鱼儿游了过来，我的双脚都被包围了，外层是密密麻麻的小鱼给我"鱼疗"，这种痒痒的感觉我真想大叫一声，又怕鱼儿逃走。我鼓着嘴，忍着笑。我再也忍不住了，一动脚，鱼儿受了惊吓，一下子逃得无影无踪。我乐得大叫大喊，这是我第一次经历如此奇特的温泉。

孩子们外出游玩回来后都能写出一篇篇与众不同的文章，或洋洋洒洒，或短小精悍；或稚嫩但不乏灵气，或粗糙却有无限生机！是因为学生真切而自然地感悟到了"我在"的境界。

3.在模拟情景中拓展独特视界

丰富的活动激发着儿童的思维和情感，但小学生的生活阅历毕竟有限，在单元房中长大的独生子女生活阅历更浅。这就需要我们教师积极创设情境，让学生参与、体验生活。身处网络时代的儿童，游戏的天性显得愈发强烈。习作教学除了写作内容具有吸引力外，还需要写作教学的过程充满鲜明的游戏色彩，使教学一开始就能吸引儿童的眼球。

（1）再现情景：从细处生发新视觉

张祖庆老师引导学生写《畅想图书馆》，就通过网络世界让学生观察荷兰图书馆的设施，为学生提供的"荷兰图书馆会走动的椅子"（视频），新奇有趣，一下子打开了学生畅想的闸门。一把神奇的能跟着人走的椅子，验证了"不是做不到，只是想不到"的名言。老师的布置是预设，学生通过细致观察，深切感受，鲜活文字顷刻生成：

生：这时，一位读者用手中的一张卡在沙发的中间轻轻刷了一下。这下我就奇怪了，他要干什么呢？后来，我才发现，是在感应啊！小沙发跟着读者到处走，接着又停下来了，一看，原来他要坐下看书，我不禁在心里深深赞叹道：荷兰图书馆真是太奇妙了！这位读者走后，那小沙发又自动回到它的感应区了。太酷了！后来，我又发现小沙发不仅能到处行走，还可以组织成一排，成为一个讨论区，这样做为人们省却了搬凳子的辛苦。

多么丰富的语言，多么自由的思想。正是教师为孩子模拟创设了各种有趣、新奇的生活情景，营造了充满童趣的活动细节，将儿童裹挟其中，学生才会有灵动的思维，丰富的想象，独特的视界。

（2）想象未来：从深处开掘新视觉

让教学过程渐渐照亮儿童生活，教学结束能使儿童的言语和精神变得敞亮起来。我经常开展以发明、创造、想象为主题的活动让学生参与，来挖掘学生的创造潜质，如《小水滴旅行记》《给月亮姐姐的一封信》……让学生思维超越现实，延伸未来，不断开拓独特的视角。在精于观察，善于想象中，不断拓展视野，捕捉住生活中的新事物，新气象。想象未来和未知的世界，使之转化为鲜活、动感的习作资源，可以最大限度地激发学生的思维，拓展个体的视界。

【视界三】关注评价的角度，挖掘儿童本真天性的回应

本真作文评价要着眼于学生的成长与发展，挖掘儿童的本真天性，创造出一种善意的、和谐的环境，使学生产生热情向上的信心，从内心产生学习愉快的情感体验。

1.在精点盘活中，珍视儿童的独特视角

学生的写作，站在孩子的角度，每一篇文章总有可取之处。我竭力捕捉学生的闪光点，朗诵学生的作品，赞美写得好的片段。还加以激励性的语言评

语，采取不同的奖励措施……和学生一起分享成功的快乐。

A《暗自庆幸》："天助我也！雨，下吧下吧，下得越大越好！要知道，我身高一米五八，体重70公斤。这等胖墩墩的身材别说长途跋涉到十里外的"春晖中学"，就是平时没走几步路，也是气喘吁吁。自从得知要步行去春游的消息，我一直脑袋嗡嗡作响，说不出的难受与不情愿……没想到，老天怜我，今天一早竟下起了雨，原先计划泡汤了。同学们个个垂头丧气，我却暗暗庆幸：及时雨啊及时雨，你下在地上，甜在我心里……"

评改：貌似唱反调的取材，实乃真情告白！全文通畅，有条理写出"听宣布春游后的不情愿→见雨后的惊喜若狂→看同学沮丧而暗自得意"的情感演变。属优秀习作！奖励打印、张贴班报。

B《好想发明阻雨器》："哎，有什么办法？谁叫咱们没能耐阻止老天下雨呢？要是真有女娲该多好……左等右等，雨还是哗啦哗啦地下个没完没了。此时，我多想发明一个阻雨器！……"

评改：突发奇想，与众不同的切题角度，获得"奇思妙想奖"，奖励在全班朗读。

儿童"本真"作文是由童眼的感悟所得，发现作文中的些许亮点，盘活精点，作文才会成为心灵里流淌出的泉水，才会是个性绽放的花蕾。儿童的作文通过评价修改，不仅使写成的语言文字涂上了最本真的生命底色，加重了作文的分量，提升了作文的感染力，还可以让成人觉察到儿童心灵深处的所思所想。利于培养儿童独特的观察视角，给孩子一片释放童真的晴空。

2.在虚点妙评中，促升儿童的心灵成长

有些学生为了写出所谓的"本真"，故意"标新立异"，有时词不达意或"口无遮拦"。作为老师应包容这些"虚点"，在巧妙无痕的评价中唤醒儿童纯洁的心灵，促使他们健康发展。

记得我班有位学生写过这样一篇"本真"作文：

我的同桌，人称"多嘴乌鸦"。她不仅皮肤黑得像乌鸦，而且话比乌鸦还多，平时教室里总能听见她叽叽喳喳的说话声。这学期她荣登学习委员的宝座，确实让我感到意外。依我看，这全凭她的嘴上功夫。记得那次竞选演讲，她站在讲台前，天花乱坠地把自己吹了一通，吹得班主任老师不住地点头微笑。要不然，如今也不会让这只"多嘴乌鸦"站在我头上撒野了。

看罢这篇作文，我哑然失笑。文中把同桌称为"多嘴乌鸦"，而且"红得发紫的货色"，把班里的女同学称为"母老虎"等，显然有点口无遮拦，话出不逊，缺失了对同学、老师应有的文明礼貌。应当使学生明白，自由习作是表达思想倾诉情绪的过程，但不可以一味沉浸在灰色、愤恨的情绪中，"自由表达"也不是没有规则，要尊重别人、讲究文明就是基本规则之一。

我写了这样一则评语："你是一个注重内心感受，善于表达自己思想的孩子。但作为同桌，你全面观察过、了解过她吗？也许你的同桌当上班干部后，有些地方做的不是很完美，你是否也应该伸出一双友谊之手，给予她一份爱呢？多一份欣赏，少一份埋怨，你会发现你的同桌其实很可爱！"

在这则评语的引导下，这位学生不仅及时修改了作文中那些"超级调侃"语言，而且不再用以往的"有色"眼睛去观察同桌了，并从同桌身上学到了不少优点。评价孩子作文就要引导学生借作文经常对照自己，修改作文，也是在帮孩子修改一种人生态度，在修改中回归儿童真善美的本真天性。

大思想家教育家卢梭说过："教育要回归自然。"我们的本真作文教学就是要让学生展示生命的"原生态"，大胆地、有个性地写出生命的真实。我们要激励孩子在写话中展示"自我"，用童心童言写出童趣童真，追求儿童习作应有的本色，追求写作过程与生命活动过程的和谐统一。这样写出来的作文才能烙上学生个性情感的印记，才真正能够滋润他们的幼小生命。让"一米阳光"走向"万丈光芒"这正是我致力追求的目标。

(此文发表于《作文周刊（教师版)》2010年第13期)

以生活为源头　激发写作兴趣
——人教版五年级上册习作3《我喜欢的小物品》教学设计

【教学目标】

1.通过创设情境，模拟推销员活动，引导学生能从几方面有条理、比较具体地描述自己喜欢的一件小物品。

2.学习具体描写一件物品的特点。运用打比方、列数字等说明方法及想象等生动描写手法把物品写准确，写生动，表达自己的喜爱之情。

3.乐于把自己的习作与他人交流，提升学习小组合作修改的能力。

4.培养喜爱小物品的情趣。

【指导重点】

1.激发学生参加模拟活动的兴趣，提高准确、有序表达的能力。

2.通过方法指导和习作精评，掌握描写物品的方法。

【时间安排】

2～3教时。

【教学流程】

第一板块：创设情景，交流展示

1.谈话导入：下周学校将举行"红领巾义卖活动"，同学们又可以奉献一份爱心了。今天，我们的写作课上特意举行一次"模拟展销会"，大家把自己带来的最喜欢的物品向大家做个介绍。看谁能把物品的特点介绍得最清楚，最吸引大家，下周的商品推销员就非你莫属了。（板书：我喜欢的小物品）

2.物品归类：同学们都带来了什么？属于哪一类？

还有别的小物品吗？指导学生说出属于别的哪一类的。（相机板书：文具、玩具、装饰品。）

3.明确要求：为了让人家了解你喜爱的物品，想一想按照什么顺序来介绍，能用上哪些说明方法，如何把物品介绍得更生动、具体？（出示要求）

（1）对自己的"商品"从外观、材质、规格、用途、使用方法等方面做到心中有数。

（2）找出产品最能打动人的地方，准备做精彩的描述。

（3）思考"顾客"针对产品会提出哪些质疑？你将如何解答。

（4）面对"顾客"，你用怎样的表情，怎样的语气，怎样的语言推销你的商品。

4. 小组推销

（1）全班分成六个小组，每个学生在小组中推销商品，组员根据推销产品的内容、语言、表情提出中肯的建议。

（2）认真聆听同学们的建议，合理采纳。

5. 班级展销

（1）每组选出最优秀的"推销员"，带物品上台推销自己的产品。

（2）"顾客"认真聆听"推销员"的介绍，对产品提出质疑。

（3）"推销员"耐心、机智地回答"顾客"的问题，对细节处做充分的说明。

6. 内容呈现：根据学生交流的侧重点，教师随即在电脑上打出文字（片段），选择有代表性的三个片段呈现在大屏幕上。

【设计意图："兴趣是最好的老师"——为学生创设"优秀推销员"竞选的情境，调动学生所有的感官去看，去摸，去闻，去尝，去感受，去体验，吊足了学生表达的胃口，从而使得课堂气氛变得活跃，极大地激发学生观察的积极性和表达的欲望。同时把学生交流的重点随即呈现在屏幕上，即把转瞬即逝的口头言语固化起来，珍视学生原生态的口头作文素材，便于让学生进一步分析、更正，为下面环节提供有力的可用资源。】

第二板块：感悟理解，写法指导

（一）分析实情，写作前测

1. 诊断、分析刚才三位学生交流的内容，有什么发现？出示三个片段（节选）。

例1：我的铅笔盒很长，不宽，扁扁的，里面空间有点大，第二层可以放4支钢笔，还绰绰有余……

例 2："财神爷"的外形十分美观。圆嘟嘟的脸上，一双眼睛瞪得圆圆的，一副惊喜的样子。红色的衣服上写满了"福"字，使它增添了几分神气。"财神爷"的左手抱着一只讨人喜爱的小绵羊，右手拿着许多钱。它的头上戴着一顶乌纱帽，帽子中间写了一个"多"字。"财神爷"的衣服真漂亮。

例 3：我喜欢地球仪还有一个十分重要的原因，那就是：地球是我们的家园。在地球仪上，似乎可以看到美丽广袤的大地，高耸入云的山峰，连绵起伏的山脉，这引发了我浓厚的兴趣，要知道，我最爱研究这个了。地球仪成了我课余的好伙伴。

2.学生品读上面片段，感悟介绍物品的要点，师生讨论得出以下需修改的问题：

例 1 这位学生介绍铅笔盒的外形用"很长，不宽，扁扁的"，描述内部结构用"空间有点大"这样的语言，给人的感觉是模糊的，不清晰、不准确。说明性的文章讲究的就是把事物的特点说准确、谈明白，使说明的事物更具体、生动、形象，给人印象鲜明。所以观察要仔细，语言才会精确。

可以改成：我的铅笔盒长约 20 厘米，宽约 10 厘米，里面空间有点大，共二层，第二层可以放 4 支钢笔，还绰绰有余……

（相机板书：**细观察，求准确**。）

思考：同学们，你打算在自己的物品介绍时运用哪些说明方法？介绍物品的哪方面呢？

例 2 这位同学的介绍粗粗一看很生动，具体，但细细一读，问题就出现了，介绍"财神爷"的外形没有按一定的顺序进行。稍作修改，写作顺序就变清晰了，可以按从上到下的顺序"圆嘟嘟的脸上、头上、衣服、左手、右手"。介绍前按顺序观察是关键，介绍的时候才会条理清楚。

（相机板书：**按顺序，有条理**。）

思考：你用什么顺序来介绍手中的物品？与同桌交流。

例 3 这位同学很好地介绍了地球仪的用处——给作者带来了许多知识，表达了喜欢地球仪的感情。在最后一段抒发了自己的喜爱之情，点明了主题。建议在介绍一件物品时，可以在字里行间表达自己的喜爱之情，到结尾就水到渠成了。当然也可以在结尾处直接抒发感情。"物"与"情"要巧妙地融合在一起。

（相机板书：**物情融，主题明**。）

思考：如何让自己的介绍情物相融，表达喜爱之情？

通过讨论、改进，根据板书要点，小组成员之间再一次交流，教师巡视点拨。

【设计意图：口头表达是写作的准备。作文教学教什么？教孩子不会的，即通过"教"让他们的作文能力有所提升，教的前提就是了解孩子会的程度。让学生品读刚才交流时的三个片段，意在摸底，发现孩子们真实的写作准备状态。五年级学生第一次学写说明文，课文是学懂了，但和真正恰到好处的运用说明方法还是有一定距离的。通过分析、诊断，真真切切掌握说明文的一般方法和顺序，这是方法的引领，难点的点拨。】

（二）选择实例，探讨写法

（以"我的小小首饰盒"为例）

教师过渡性谈话：我们周围的物品千千万万，怎样才能写好它呢？要写好一种物品，我们得先熟悉它。老师带了一件物品请同学们试着向大家介绍。你准备从哪些方面介绍物品，用上哪些说明方法？（如外形、质量、用途等突出的特点，用列数字、举例子、作比较、打比方、生动描写等方法，具体描述物品特点。）

思考一：按什么顺序观察？（A．从外到内，从上到下。B．从内到外，从下到上。C．从整体到局部或从局部到整体。）

思考二：按观察的顺序，要介绍首饰盒的哪些方面？要抓住哪些特点？（形状、材料、特点、结构、用途。）

思考三：描写首饰盒的特征时，可以采用哪些说明方法？还可以用上哪些生动的描写？举例：（投影）

1.列数字：首饰盒精致可爱，呈椭圆形，长8厘米左右，宽5厘米，里面分两格，一大一小，……

2.打比方：这个小小首饰盒是我的好朋友，也是我最爱探究的秘密"小宝库"。

思考四：如何把首饰盒的重点部分写具体？（注意细节描写，把局部写具

体生动，适当展开联想。）

教师举例（投影）：打开盒盖儿，一股幽香扑鼻而来，细细一看，原来是一个放在内盒镜子上的桃形香包，一颗颗圆圆的"珍珠"在旁边静静躺着。一片"翡翠绿叶"，绿得直逼你的眼。还有两小块美丽的雨花石……东西可真多呀！这些东西反照在镶嵌于盒盖的小镜子上时，更会使你眼花缭乱。

师生归纳总结方法。

【设计意图：此环节引领学生探讨写法，点拨写作的思路。精彩例句，为学生提供了借鉴的范例，使学生在言语实践过程中，学会运用说明方法突出物品特点，从而使指导与写作巧妙地结合在一起。】

（三）例文引领，发现不同

（PPT 出示两则不同语言风格的片段）

出示一：这个地球仪真可谓是知识渊博！它的身上有许多线条，那些横贯南北的线叫经线，贯穿东西的线叫纬线，其中在地球仪半腰最明显的一条线便是赤道。并且，这个地球仪还介绍了地球上七大洲、四大洋的面积和子午线、赤道的周长，世界各时区内的主要城市等。

出示二：如果你仔细观察一下蜡烛，或许你会发现蜡烛还是挺漂亮的。白蜡烛就像一根洁白无暇的玉石柱子，红蜡烛像美丽动人的红玛瑙。还有那些生日蜡烛，就像一朵绽放的白莲花，留给了我们那一刻幸福的回忆。每当把它点燃时，滴滴蜡珠顺流而下，就像一串串珍珠。

1.细心的同学们，发现这两个片段的写法有什么相同点与不同点吗？

我喜欢的物品	相　　同	不　　同
地球仪	都使用了说明方法，从外观、用途、使用方法等方面，有条理的介绍。	运用列数字方法，用语准确，特点鲜明，语言朴实。
工艺蜡烛		描写性说明，语言生动活泼，给人印象深刻。

教师小结：现在我们知道，介绍我喜欢的物品，可以用不同的语言风格进行描述。我们可以用形象化的描写把事物介绍得准确而形象，如课文《松鼠》。也可以用平实的语言把事物的特点准确介绍出来如《鲸》。总之不管使用哪种手法，都要以准确为前提。

【设计意图：激发兴趣是指导学生写作的重要手段，此教学环节以对比、发现等方法，通过阅读同龄人的习作片段，促使学生积极主动探索说明文的两种不同语言风格，为后面的写作起到很好的引领、指导作用。】

第三板块：例文引路，以评促写

1.出示例文。

一座"双马"雕塑

徐晨琦

生日那天，爸爸送给我一座精美的工艺品，这是一座"双马"雕塑。一接过手，我就被它栩栩如生的外形、活灵活现的神态吸引住，禁不住细细观察起来。

这件工艺品长约20厘米，高约15厘米，是用一整块绿白相间的玉精雕细琢而成，呈现的是两匹奔驰的"骏马"。这两匹马好威武啊！你看它们脖子挺直，鬃毛飞扬，奋起前蹄，显得跃跃欲试。它们高昂着头，双目炯炯有神，好像在远眺，张大嘴巴仿佛发出响亮的嘶鸣声。它们一大一小，一前一后，像一对紧紧相随的母子正欢快地飞驰在辽阔的原野上。

大马前蹄腾空，强壮的后腿，微微弯曲，好似鼓足了劲，向远处飞奔而去，好像能踩住飞翔的燕子呢！我不由得想起一个成语"马踏飞燕"，多轻盈、多矫健的姿态呢！脖子底下的那个铃铛，小巧玲珑，在马奋力奔跑时准会发出清脆动听的叮当声……我久久地端详着这匹千里马，仿佛自己正骑在它的背上，向前驰骋。

另一匹小马则显得有些调皮，它紧紧跟在大马后面，边奔驰边微微侧着头，仿佛在用好奇的目光打量这个世界，现出一副机灵悠闲的样子，好像在和大马谈论奔跑中看到的好风景呢。

我轻轻抚摸着"双马"雕塑，脑海中不由得浮现出唐代大诗人李贺《马诗》中的千古名句："大漠沙如雪，燕山月似钩，何当金络脑，快走踏清秋"，一股对马的赞美之情在我心中油然而生。

爸爸告诉我，这座雕塑采用的是"渐变色彩"的雕刻方法，放在阳光下会

有新的发现。我把它放在阳光下，这下马身上的色彩更丰富了。马尾巴闪着淡淡的雪青色，显得很飘逸；马身体部位色彩非常厚重，由淡绿变深绿，再转为墨绿，色彩丰富，给人以立体感和厚重感。两匹马神态色彩各异又浑然一体。

这座工艺品不但雕刻细腻，而且在底座上还刻着四个象征美好意义的字：马到成功。寓意为做事利索、进展顺利。这是爸爸对我生日的美好祝福呢！

2.师生评议，现场指导

教师总评：这是一篇写物品的文章，描写了"双马"雕塑的来历、材料，重点描写了其巧妙的设计，独特的造型，美好的韵味……在描写中小作者加入自己合理的想象，进一步抒发了对"双马"的喜爱、赞美之情。

3.品读评语，悉心领会

《我喜爱的物品》要按一定的顺序仔细观察物品外形特征，通过对物品的来历介绍、材料说明、特点描述等，来抒发自己对物品的喜爱之情或赞美之意。这一切都要写清楚，这样文章就生动形象了。《一座"双马"雕塑》是不是读起来觉得动态、色彩描写很生动、细致？"双马"形象栩栩如生，甚至触手可摸，字里行间蕴含着浓浓的喜爱之情？是不是让你也忍不住想拥有这样一座雕塑？

（1）仔细观察,注重顺序

天下万物千姿百态，要想充分写出某一物的特点，就要求我们在观察时，要注重顺序，细致观察，可以按照从整体到部分，或从上到下，或从外到内，观察它的形状、颜色、功用等。只有观察清楚，印象深刻，写起来才会得心应手，生动感人。"双马雕塑"特点介绍采用先整体（两匹"马"的总体特点），再局部（大"马"特点——小"马"特点），最后回归整体（两匹"马"的色彩、美好意义）。选择一定的写作顺序，使文章结构清晰，特点鲜明。

（2）动静结合，写活形象

物品是静止的，我们要用动作描写、细节刻画等多种表现手法来把它写"活"。如表现"威武"这一特点：它们奋起前蹄，显得跃跃欲试。它们高昂着头，双目炯炯有神，好像在远眺，张大嘴巴仿佛发出响亮的嘶鸣声。采用一系列动作来写，描摹出"双马"飞驰时一瞬间的动态，生动有趣，栩栩如生。

又如写"马身体部位色彩非常厚重"。有生动的语句描写："由淡绿变深绿，再转为墨绿，色彩丰富，给人以立体感和厚重感……"运用鲜明、富有层次的色彩词语，描写了马身上色彩的"渐变和丰富"，增加了表现力，"马"

的形象更为丰富，令人难忘。

（3）发挥联想，情景交融

为让静物"活"起来，展开想象的翅膀，由这一心爱的物品产生合理联想，不仅能使人产生身临其境的感受，还能够充分体会到你的思想感情。"它们一大一小，一前一后，像一对紧紧相随的母子正欢快地飞驰在辽阔的原野上"。这样的联想以形传神，使双马跃然纸上。"我久久地端详着这匹千里马，仿佛自己正骑在它的背上，向前驰骋。"对这个独特点进行联想，情景交融，鲜明生动，字里行间表达了小作者对"双马雕塑"的喜爱之情，让读者身临其境。

（4）倾入情感，立意深刻

在描写物品的特点中，挖掘蕴含在"物"中的某种启迪人的哲理和美好情趣，如文中的"马到成功——寓意为做事利索，进展顺利。这是爸爸对我生日的美好祝福呢！"文章立意更深了。

同学们，你们看，"双马"雕塑本身是静物，但我们可以赋予它动态，赋予它情感，赋予它生命。使它会行动，有感情，成为我们身边的伙伴朋友，表达出我们对它的喜爱之情，你说是吗？

【设计意图：教师先呈现例文，再对此进行精辟的评析，让欣赏者本身受到启发。学生不仅明白了如何写成说明文，更是从这个评价的动态过程中感悟到写好的秘诀。学习了说明的准确性与描写的形象性如何完美结合的范例，为下面的自主习作奠定基础。】

第四板块：自主习作，合作修改

1. 写作温馨提示：

请同学们在仔细观察的基础上，运用合理的说明方法和描写手法把物品的特点写清楚。把细节写具体，开头可以介绍这件物品的来历、与众不同之处；结尾总结提升，抒发自己的特殊之情。

（板书：开头——介绍来历、与众不同处

结尾——抒发特殊之情）

2.学生自主写作。

3.小组合作修改。

4.班级互动交流。

（1）分享佳作。师生相机评出"最准确的描写""最生动的描写""最让人喜欢的物品"等奖项。让学生打印或誊写后张贴在板报《童心童语》板块。

（2）弥补"遗憾"。在这么多佳作中，有些同学的文章犹如灰暗的沙子淹没在文海中，出示顺序不明，条理不清，写作方法不当的习作，师生交流。课后，请大家进行二次创作，"好文章是改出来的"，相信大家的文章会越改越优秀！

【设计意图：习作讲评重在激励，充分寻找习作的亮点，让尽可能多的学生享受到成功的喜悦。同时对学生在习作中出现的共性问题，提出合理的修改意见，为学生的二度修改提供拐杖，使其"跳一跳摘桃子"，也能尝到成功的甜头。】

【总的设计自评：整个写作活动的组织，在接近真实的推销物品的活动情境中引入学习活动，符合学生的兴趣取向与参与动力等心理特征；在真实参与的口语交际活动中，教师让学生体察到，自己所介绍小物品的欠缺，获得一种可以做得更好的心理需求，在心理需求的驱动下，主动积极地学习介绍小物品的写作方法；紧紧扣住事例——学生自己的习作，以例说"法"，教给学生"把握顺序、抓住特点、巧用方法"的说明文写作方法，使习作指导落到实处，不空泛，学生收获具体；范文引路，以评促写，指点极其细腻，给学生更深入的启示，从而有更多的习作技巧借鉴；最后展开自主的、个性化的写作，并在写作后合作修改，将各自的文章改得更好，最终完成一次高质量的写作教学。全部教学活动设计，指导点的预设，相关材料的准备，指导步骤的展开与动态过程的随机应变，都是恰当的，符合学生第一次接触"说明文"写作的指导要求，指导是具体而扎实的，相信真正展开教学，会是一次不错的习作练笔，会收获到学生优秀的习作。】

（此文发表于《语文教学通讯》2013年第8期）

我对诗化语言课堂的追寻

——对《画风》一课诗化语言的建构小记

【背景】

多次读到特级教师王崧舟老师对"诗意语文"深刻而精辟的阐述，心向往之。诗意语文认为：语感是学生精神生命的原点，主张以发展学生的语感素养为核心，促进其语言和精神的协同发展。于是，在平时的课堂教学中，我努力把点点滴滴的理解感悟融入教学环节中，期待通过建构有效言语实践，使孩子们得到想象与语言的同步发展，感悟与诗情的自然勃发，让他们口中成诵、笔下成篇，让孩子们的精神生命流光溢彩。

恰巧，那个美丽的春季，我要去杭州拱宸桥小学王崧舟老师所在的学校执教一节研究课，于是我把"追寻诗化语言的课堂"作为一个探索点进行了有效尝试。我选择了《画风》一课。应该说，从我对《画风》文本解读的那一刻起，她就像缕缕清风，久久萦绕在我心灵中。于是，我的语文课堂就有了这样的追"风"历程，我的《画风》课堂就有了这样的成长轨迹。

起——

"风"猛起，直面无序的言语课堂

《画风》这篇课文语言浅显，贴近二年级孩子的生活，课文内容也不难理解。文本中那一幅幅和风细雨的画面为孩子们所喜爱。我在学生理解内容、指导感情朗读后，把营造诗化言语的训练点安排在拓展环节"你也会画风吗？动动脑筋，你会怎么来画风？"这一开放问题上。

试教时，我给学生充足的思考时间，引导展开想象、回忆生活中"刮风"的情景，通过同桌交流，想以此为"基点"，拓展学生的想象，放飞孩子的心

灵。孩子们争先恐后地发言，课堂上刮起一阵阵"猛风"：

生1：我会画一堆垃圾，风吹来了，废纸就飞起来了。

生2：大风吹来时，路上的沙子都会被卷走的。

生3：我会画许多被吹到半空的塑料袋。

………

（学生说了许多，似乎都是些被"东西南北"风吹起的物体，很杂乱。）

【反思与讨论】

听着孩子们的答案，我的心里很不是滋味。孩子们的答案没错，但语言只表达出了自己原有水平。就是说，他不学这篇课文，也能说出这样的话来。孩子的语言没有得到应有的发展。作为语文老师，我不能只关注言语内容，不关注言语表达形式呀！为什么孩子们描述的风与文本中和风细雨般美的意情相去甚远，为什么孩子眼中风的形象都那么单调，甚至有点杂乱。细细思索才知：我忽视了文本作为一种召唤结构在勾起学生内心种种经验的作用。文本中三个孩子的画中有"飘着的旗子""转动的风车""弯弯的小树""斜斜的雨丝"，都生动形象地表现出了风的踪迹，而教师却忽视了对其有效梳理和迁移运用，所以孩子们表达的语言是无序、杂乱的。课文是学生学习语言、积累语言和拓展语言的范例。低年级学生是学习语言的基础阶段，孩子的口头语言是丰富的，但也是碎杂的。然而，要把这些丰富的、碎杂的口头语言向规范的、精致的书面语言转化，特别是向充满童趣的诗化语言转化，尤其需要教师巧妙地引导、点拨。

承——

"风"难起，直面平淡的言语课堂

经历了一次试教，终于如抽丝剥茧一般，理出了一条较为清晰的教学思路。理解课文后，重点梳理四组词语："飘着的旗子""转动的风车""弯弯的小树""斜斜的雨丝"，以规范的课文语言为先导，再欣赏课件中大自然各种风，引导学生用诗化语言来描绘自己眼中、心中的风。我期待着孩子口中的诗化语言一步到位，自然流畅，喷涌而出。结果呢？

师：小朋友们，你们瞧，这三个孩子互相帮助，互相启发，都用不同的方法画出了风，（出示四组词语，读一读。）你们也会画风吗？让我们先来找一找大自然中的风在哪里？（课件展示配有呼呼风声的图片。）学生边听风声边欣赏画面。

生：我看到风筝在空中飞起来了。

生：我看到沙漠中的黄沙飞起来了。

师：你们观察得真仔细。

生：我看到船帆鼓起来了。

生：柳树叶子在使劲地摇动。

师：大家说得不错，那么你仔细观察过自己生活中哪些地方也藏着风？我们来交流一下。

生：小朋友戴的帽子上有风。

师：（一怔）噢，你的意思是帽子快被吹走了，你感觉到有风了。

生：我感到脸上凉凉的，那是寒风吹来了。

师："凉凉"这个词用得多好，大家再思考思考，你还从哪里找到了风呢？

生：我的身上凉凉的，那是有风吹来了。

生：冬天的风吹来了，我感觉很冷。

师：还有不同的答案吗？

（生沉默着，许久没人举手。远没有出现我所期待的小手如林，争先恐后发言的热闹场面。我有点失望，有点无奈，只好匆匆进行下一个教学环节。）

【反思与讨论】

课后我回顾这个原以为可以"出彩"的环节，想不到竟变得如此平淡，甚至有点僵化，诗化言语的痕迹更是无迹可寻。说实在的，我很沮丧。在随后的交互式评课中，听课的一位老师对此进行点评，他指出在这个环节中，教师用课件提前展示大自然风的效果图，而且配以"呼呼"的大风声，这不但无益于想象思维的拓展，实际给学生的思维加了一道枷锁，压抑了他们灵感的激发。拓展说话成了机械的看图说话，始终让学生处于一种较压抑的氛围中，没有激起学生思维的涟漪，结果可想而知。真是一语惊醒梦中人，作为上课老师，我最有体会。文本中"飘着的旗子""转动的风车"等词都生动形象地表现出了风的踪迹，但教师没有重锤敲击"飘着""转动""弯弯""斜斜"等词语去有效建构孩子的诗化语言；同时忽视了教师以优美语言对学生潜移默化的影响和引领；忽视了对学生答案的用心倾听，用心捕捉，随机点拨。

其实学生精彩纷呈的回答，绝不仅仅来自学生个性思维的张扬，很大程度上源自于教师有效营造的课堂氛围，即在于激活和发掘——激活学生这一年龄阶段独有的思维，发掘他们现有的经验，包括生活经验，知识积累等。并通过师生交流、生生交流，获得信息和启示。这样的课堂才能让我们看到孩子们童心的尽情绽放，诗意语言的自然流淌。带着这份思索，怀着这份期待，我对此环节进行了重新设计和第三次试教。

转——

"风乍起，吹皱一池春水"，感受鲜活的诗化语言课堂

思考是痛苦的，自我否定是痛苦的。终于，转的机会来了！一天，偶尔看了一篇关于"儿童诗"的文章，我豁然开朗：让儿童在优美的语言环境中尝试创编诗歌，在情感和形象的结合中，学习语言，丰富词汇。以深化、敏化、美化学生对词的感知，提高驾驭语言的能力。第三版的《画风》就这样产生了：

1.师：小朋友们，你们瞧！风多像一个淘气的小家伙，它总是东躲西藏，飘忽不定，三位小朋友想啊想，画啊画，我们找呀找。只要我们用心去找，其实风也一直在告诉我们它在这儿呢，出示：

风来了，＿＿＿＿＿＿，告诉我，风在这儿。（**飘着**的旗子）

风来了，＿＿＿＿＿＿，告诉我，风在这儿。（**转动**的风车）

风来了，＿＿＿＿＿＿，告诉我，风在这儿。（**弯弯**的小树）

风来了，＿＿＿＿＿＿，告诉我，风在这儿。（**斜斜**的雨丝）

（用儿童诗的形式呈现，表示风踪迹或"形象"的词语用黑体表明，全班学生结合梳理后的板书回答。）

2.师：风来了，风来了，可是风还在哪里呢？竖起你的小耳朵，边听边想象，（放一段"风"轻轻柔柔吹来的轻音乐，放飞想象）。

生：风在小朋友的头发里。

师：（摸着另一位小朋友的头发。）你看，这位小朋友的头发上有风吗？老师轻轻吹一口风会怎样？（往小朋友头发上轻轻吹风）。

生：（恍然大悟），风在"小朋友飘动的头发里。"

师：用词多准确呀，你真是一个会观察的孩子！

生：风在"跳着舞的树叶"上。

师：听得出你很喜欢风，告诉大家为什么用"跳舞"这个词呢？

生：因为风轻轻吹来了，树叶像是听到了动听的音乐，就快乐地跳舞了。

师：原来风在为树叶伴奏呢，多特别的想象呀！

生：风在"说着悄悄话的树叶"上。

生：风在"跑步的云朵"里。

师：小朋友说得真精彩呀！老师仿佛看到了一片片树叶正在风中快乐地舞蹈，一朵朵白云，正在风伯伯的口哨声中赛跑呢！小朋友们开动脑筋再想想：风来了，哪些景物也发生了变化呢？同桌小朋友一起找找说说。（同桌合作）

生：风来了，风在波浪上。

师：假如你就是一朵浪花，在风中你会怎样？

生：如果我是一朵浪花，风来了我就会在海妈妈的身上不停地跳跃。

生：风来了，小草弯弯腰，花朵在点头！他们在感谢风呢！

生：风还会抓住风筝的尾巴摇呀摇呢！

师：小朋友们用明亮的眼睛、丰富的想象找到了风。缕缕的凉风，阵阵吹来，给我们带来了别样的美丽和生机。（点击课件，出示《起风了》）大家说得真好，如果把你们的话串起来就会成一首优美的小诗，想不想当当小诗人。

教师引说：风来了，跳跃的浪花，告诉我，风在这儿。

生：风来了，<u>跳舞的树叶</u>，告诉我，风在这儿，

生：风来了，<u>摇摆的风筝</u>，告诉我，风在这儿，

生：风来了，<u>舞动的窗帘</u>，告诉我，风在这儿，

(孩子们在优美舒缓的《秋日私语》钢琴曲中饶有趣味地创编诗句)。

师：我明白了，调皮的风呀，原来藏在<u>飘拂的柳枝上</u>。（用不同的诗歌形式表达）

生：可爱的风呀，藏在<u>点头的小花里</u>

生：活泼的风呀，藏在<u>转动的风车里</u>

生：热情的风呀，藏在<u>弯腰的芦苇上</u>

……

师：（音乐声中深情描述）孩子们，你们优美的诗歌告诉我：风来了，它在高高的蓝天上，在白白的云朵里；风来了，在飘拂的柳枝上，在摇摆的风筝里。只要我们多动脑，多观察，生活中就会有更多的发现，更多的创造。

合——

诗化语言是这样"炼"成的

三月的校园，草长莺飞，春风拂柳。课堂上我与孩子们一起欢乐地徜徉在

"风"中。上完课，孩子们还沉浸在对"风"的无限想象中，我则感觉很轻松，不觉思绪联翩。反思前后几次不同的教学结果，我觉得之所以能使这一教学片段成为课堂的一大亮点，成为自己教学生命中的一段高峰体验，成为王崧舟老师高度好评的重要教学环节，主要是教师在课堂中能依托文本语言，唤醒学生对生活的诗意想象，点燃学生心中的美丽诗情，引领学生生成新的诗意语言。具体表现在：

1.在梳理中引领语言

低年级是学生学习语言的基础阶段。孩子的口头语言是丰富的，也是碎杂的。然而，要把这些丰富的、碎杂的口头语言向规范的、精致的书面语言转化，特别是向充满童趣的诗化语言转化，尤其需要教师巧妙地引导、点拨。课堂中，教师之所以在梳理阶段反复味风在"飘着的旗子，斜斜的雨丝，弯弯的小树……"这几个词组的意蕴，是因为"飘着、斜斜、弯弯"这些词生动巧妙地表现出"风"的踪迹。反复品味这样的词语，给以恰当的句式进行训练，如：风来了，_____，告诉我，风在这儿。_____的风呀，藏在_____。这无疑是引领学生积累语言、生动运用语言的过程。教师对"跳舞的树叶"和"风来了，假如你就是一朵浪花……"的诗情点燃和引拨，在学生脑海里产生优美的情景和无限的遐想，使学生不知不觉中接触和内化那些丰富、优美的语言，自主走进语言实践的广阔天地。教师对"风来了，跳跃的浪花，告诉我，风在这儿。""调皮的风呀，原来藏在飘拂的柳枝上。"两处诗句的深情吟诵引领，唤醒了孩子对生活的诗意想象，点燃了孩子心中美丽的诗情，诗意语言在孩子心中蓬蓬勃勃地滋生出来：跳舞的树叶，告诉我，风在这儿／摇摆的风筝，告诉我，风在这儿。活泼的风呀，藏在转动的风车里／热情的风呀，藏在弯腰的芦苇上……让本是无情的风，充满了浓浓的诗情。学生想象的翅膀在无限飞扬，对风的形象描绘和感悟如诗一般充满美感，充满情趣。这是语言本真教学的体现。

2.在开放中激活语言

生动活泼的教材，为学生创造了巨大的想象空间。教师活用教材空白，以课文内容为支点拓展延伸开去，并能根据低年级儿童情感体验、思维想象的特点，创新文本，引导儿童在随意的诗歌创作中训练语言，提升语言。"风在小朋友的头发上。"学生心中有了风的形象但又不能正确表达时，是教师摸着学生的头发，让孩子观察往头发吹一口风会怎样？结果头发在微风中飘动了，孩子的语言也在教师巧妙的"吹风中"被激活了，才有"风在飘动的头发上"新语言的自然生成。当学生无意间说出"风在跳舞的树叶上"的精彩语句时，教师随机点化，步步引导："原来风在为树叶伴奏呢，多特别的想象呀！"使学生思维深处最具神韵的诗情无限徜徉，于是"跳跃的浪花""跑步的白云""弯腰的芦苇"等优美语言从学生口中迸出，随即"'可爱'的风、'活泼'的风、'热情'的风"也扑面而来，"风"变得灵动了，可爱了，俏皮了，深得孩子们的喜爱和欣赏。也因为教师敏锐地捕捉到了孩子眼中的"风"情万种，利用这个开放点，巧妙设计"找找风在哪里"的学习活动，自然地将学生的想象引向生活，引向现实。当学生的现实生活和语文交融在一起时，当学生的体验与表达相互统一在一起时，孩子们表达的欲望是如此强烈而富有创意，于是鲜活的语言扑面而来，你随时可以发现孩子语言中诗情的存在，诗意的流露，而教师不断地激活，使课堂成为孩子们创诗的乐园。

3.在对话中诗化语言

哲学大师萨特说过："阅读是一种被引导的创造"。在教师与学生平等对话的引导下，点燃了孩子语言与智慧的火花。在"听风"中，学生的思维自由追寻，每个学生心中的"风"的形象是不同的，无限的。教师珍视了学生瞬间的灵性闪翅和激情突飞，适时为找不到合适词语表达的孩子送"风"，在对话中作诗意导向，诗意点评，为学生诗化语言不断添加"催化剂"。此时学生的语言是因为情感的内在需求而生成了，是一种全新的、鲜活的语言，是一种特有的儿童文化。在孩子深情吟诵的自创诗歌中，不仅有风的"形"和"意"，更表达了孩子自己对风的"情"和"味"。也只有在这种师生共同融入的自由开放的对话课堂上，才能融出精彩，融出灵动。诗意语言的活性才能得到滋养，得到培植，得到生发，才会有语文课堂中浓浓的诗意充盈。

【后记】

课虽止，意未尽。回想自己一遍遍的磨课历程：在语言规律的探索中唤醒学生的主体意识，在话语图式的转换中放飞学生的个性话语，直至学生性情悄然绽放，诗化语言喷薄而出，诗情无限徜徉。教学犹如一篇优美的散文诗，具有起、承、转、合的韵味，具有曲径通幽、峰回路转的魅力，磨课的过程也是自己生命成长的欢快节律。在教学的路上有梦想，去追寻，这是一种沉淀在心底的幸福，一如课堂上孩子们的快乐追"风"。

（此文节选发表于《教案教例》2009 年第 8 期）

架一座由摘到写的神奇"桥梁"

有些同学读过很多书，可谓"读书破万卷"，但一写起作文，还是觉得无话可写，或者写得干巴巴的，没有感染力。这是什么原因呢？原来有些同学看书是"眼睛在书上跑步"，没有把书上的语言真正读进心里去。其实读书时要讲究一些小小的"窍门"，自觉地架起一座从摘录到写话的神奇桥梁，写作时就不会感到"无米可炊"了。

一、品读词语的情味

时下同学们都在流行做阅读笔记，边看书边把阅读中的好词佳句摘录下来，不断丰厚自己的语言仓库，这种做法当然是非常可取的。可是有些同学做笔记，是照搬照抄，根本没有去考虑词句所处语境的意思、妙处，以致好词佳句"冰冻"在本子上。针对这种情况，我们可以在阅读笔记中开设一些语言使用的小栏目，如"拾贝栏""心情树"……在浓浓的趣味中，理解所摘录词语、句子的丰富情感和含义。

"拾贝栏"——围绕一个"主题"去知识的海洋边拾"贝"。譬如今天我们"拾"的主题是有关动作的好词，一位同学在阅读时摘记下这些词语：四脚朝天 举手投足 挤眉弄眼 手舞足蹈 抓耳挠腮 翩翩起舞……在阅读一篇文章时会特别注意动词，细细揣摩其用处、妙处。这样经过思虑、筛选摘记下的词语，必然会成为你们语言仓库中的"活跃分子"，以后写作时就能得心应手、妙笔生花。

"心情树"——根据自己当时的心情去摘录词语或句子。如一个同学这样描述：今天，我参加学校现场作文比赛，得了一等奖，非常高兴，我摘录表示高兴的词语：喜出望外 乐不可支 欢蹦乱跳 心花怒放 眉飞色舞 手舞足蹈 兴高采烈 笑容满面……这些能生动表现自己心情的词语，因为深入到你的情感世界里，所以写作时一定会让你享受"信手拈来"的言语表达的快乐。

除此之外还可以设定"百草园"（摘录描写花草树木的词语句子）"开心词典"（摘录夸张修辞的语句）"智慧树"（摘录思考、动脑状态的词语句子）等栏目，同学们可以根据自己的爱好选择、创设新栏目进行摘录。这样带着思考去筛选，带着运用去摘录，把书中的语言和自己的状态进行对接，读出词语中蕴含的丰富信息，自然体会到语言的秘妙，摘录的语言不再变得陌生，精彩的词句就会久久植入心中。

二、转动模仿的魔方

看到书中一些精彩的片段，同学们会及时摘录，它像一个魔方那样时刻吸引着你。如果你想深刻体会这些语段妙在何处？应该马上去转一转这块有趣的"魔方"——模仿写话。有些同学总是简单地认为，"模仿"就是"抄袭"，其实不然，模仿的时候融进自己的个性和创造，就是一次独特的创新。

如读了《秋天的雨》，在感受"秋天的雨，是一盒五彩缤纷的颜料"时，可以在"百草园"栏目中摘录下描写银杏和枫叶的语句：它把黄色给了银杏树，黄黄的叶子像一把把小扇子，扇哪扇哪，扇走了夏天的炎热。它把红色给了枫树，红红的枫叶像一枚枚邮票，飘哇飘哇，邮来了秋天的凉爽……菊花仙子得到的颜色就更多了，紫红的、淡黄的、雪白的……美丽的菊花在秋雨里频频点头。

这个语段用生动形象的语言，富于感情的笔触，描绘了一幅幅风格各异的具有诗意的图画。结合这样的语言在摘记中设计一个空白处进行仿写，如"它把金黄给了田野，那金色的稻穗像一只只小手，招哪招哪，招来了丰收的喜悦。""它对菊花最慷慨，它把彩色给了菊花，那五彩的菊花像一张张可爱的大花脸，笑啊笑啊，笑来了秋叶缤纷。"写的过程中进一步体会丰富的语言表达和多姿多彩的秋天美景。

如在读完儿童版《昆虫记》后，情不自禁为书中栩栩如生的插图，作者惟妙惟肖的描写入迷时，不忘摘录自己最感兴趣的一种小昆虫的外形、生活方式的描写。然后去观察这类小昆虫，模仿书中的写法，用上丰富生动的语言，便

能把小昆虫写活。

在精彩的片段中及时进行模仿练习，会在不知不觉中被写话的魔力所吸引，不断地积蓄和引爆写话的冲动，感觉自己也像作家那般厉害了。正如丁有宽老师所说的："读写结合，相得益彰；读写分离，两败俱伤。" 模仿，是最简捷的办法。模仿，是同学们步入习作的 "魔方"。谁玩转了这块"魔方"，谁就先进入到了作文的自由天堂。

三、进入创造的频道

摘录在本子上的精彩词语、句子，要经常去翻阅它，欣赏它，慢慢地这些词句就会在你脑海中扎根。更重要的是要展开你的联想和想象，营造美妙的情景，让静止的字符在心灵间轻轻舞动起来，让它在你的笔下"复活"。

读了《春》一文，同学们摘录不少写景词语：缕缕白云　碧波荡漾　香味四溢　奇花异草

借这四个词语为轴心，发散思维，珍惜在阅读中产生的瞬间感受和突发灵感， "看" 到另一幅美景，练习写段：我喜欢春天，向往春天。一场春雨过后，地还未干，我就迫不及待地跑出家门，去感受春天的景色。天很蓝，缕缕白云千姿百态，变幻出绵羊、大象、山川、小溪的模样。池水碧波荡漾，鱼儿在水中欢快地嬉戏。环顾四周，各种香味四溢的奇花异草，争奇斗艳。

看，在富有趣味和创造的"借词"写话中，单个词语如同活跃的化学分子那样，在你想象空间中随意滚动、碰撞，实行了多态结合，连缀成一幅幅图像或一个个情景。这样的写话，对词语的理解放在一个有声有色的环境中，让你看到了词语的形象，听出了词语的声音，触发了你的感受、感悟，留下你的感动，词语的积累"及时"进入语言运用频道。

我们在感受读书带来了快乐的同时，巧妙搭架一座由"摘"到"写"的桥梁，去品味、去模仿、去创造，与自己的习作方式进行"映射"和"交互"。大量好词佳句的积累，用时就能 "活期储蓄"，随用随取，"存""取"两便。"读写结合"就是不断盘活自己的"语言积蓄"，语言的底子日渐丰厚，就能轻松渡过写作的"心河"。

（此文发表于《小学生作文辅导》2011 年第 11 期）

让心爱的艺术品留驻笔尖

艺术是花，美丽处处可见；艺术是雪，洁白纯洁让人永生难忘；艺术是海，其中藏着无数珍宝；艺术是一块磁石，将人深深吸引。

作为艺术形象之一的艺术品，它或玲珑多姿，或小巧别致，或含义丰富，让人遐想万千。如何让一件心爱的艺术品妙留笔尖，让读者也深受感染呢？

写自己喜欢的一件艺术品，在写作时就要抓住工艺品的形状、特点、用途以及在生活中给你带来的乐趣。用语言文字把某一物品形象逼真地再现于读者面前，同时也表达自己对它的喜爱之情。

下面老师给大家提供一些精彩的开头、结尾，希望能带给你新的启发。

[好开头]

【对比法开头】在我房间的书桌里，摆放着许多工艺品。有精巧的工艺竹编、别致的手绘团扇、闪亮的水晶浮雕……要说我最喜欢的呀，数那头横卧着的乌黑发亮的"老牛"了。

【开门见山法】回到家一开门，就可以看到挂在墙上的一件精致的工艺品——一幅栩栩如生的油画。

【场景法开头】周日，无意中发现有一伙南方人在我家附近广场上摆起卖瓷器的摊位。观看的人群络绎不绝，有的在惬意地溜达，有的在漫无目的闲逛，有的在好奇地驻足观望，有的则饶有兴趣地细细品味和欣赏。这些人中有上了年纪的老者，有对瓷器很感兴趣的中年人士，也有不少年轻时尚的男女。我带着好奇的心理走进广场。

[好结尾]

【反问结题】它，虽然老了，全身落满灰尘。在一片崭新的工艺品中，它完全被淹没了。可是，我不会嫌弃它。三年的光阴，它陪我度过。你说我会嫌

弃一只鼓励我学习的瓷龟吗？

【结尾点题】一件小小的工艺品，对我们来说意义非凡，但在生活中往往很少有人能体会到。那么就让我们用眼睛去发现，用心灵去感受身边的每一件工艺品吧！

【表达愿望】海南椰雕，你将会以更加新颖、精美而富有浓厚地方气息的新姿展现在人们面前。

艺术品是静止的，为了把它写得准确、生动，我们在描写的过程中，要运用多种表现方法进行描摹、刻画、想象，力求把物品写得生动、传神。

1.确定顺序

观察要按一定的顺序进行，这样写作时就会言之有序。有的是先上后下，或先下后上；有的是从前到后，或从后到前；有的是先整体后部分，或先部分后整体；有的是先主要再次要，或先次要再主要……选择什么样的顺序要根据工艺品的结构特点来确定。

如有一位同学写了这样一段文字，让我们来看看他是怎么做到言之有序的：

这个软木雕半尺多高，一寸多厚，呈椭圆形。漆黑发亮的黑桔木是它的外壳。木雕的中间有两层晶莹透亮的玻璃。玻璃中间嵌着软木雕成的立体风景，活灵活现，妙不可言。右边，一座飞檐翘脊的美丽凉亭掩映在松柏之中，一条小河曲曲弯弯蜿蜒其间。两只仙鹤悠闲地在波光粼粼的水面上慢条斯理地浮游。小河左边是一座陡峭的山峰，从山脚到山顶满是苍劲茂密的树木。最玲珑剔透的还要数那座建在河边的小亭。六角高耸的亭顶古色古香，又尖又弯的亭角上蹲着八只怪兽。这一切都是软木雕成的，你相信吗？

"作文始于观察"，没有观察就没有材料。无论写什么静物都要"下马观花"，仔细观察。这个"软木雕"按从外到里的顺序介绍的。先介绍软木雕的外壳，再介绍中间的立体风景，右边的凉亭与小河，最后介绍小河左边的山峰。观察顺序有条理，层次清晰。只有观察清楚，脑子里印象深刻，写起来才能得心应手，生动感人。

2.突出特点

要仔细观察工艺品的形状、大小、颜色、用途、质地等。通过比较找出你所要描述的物品不同于其他物品的特点。

《奔马》是这样描写的：它昂着头，眼睛凸得像银铃。透过它张开的嘴巴，那两排整齐的牙齿清晰可见，我仿佛听见了它那惊裂长空的嘶鸣。马颈上的鬃毛被风卷起，向两边有顺序地分开。它整个身躯向上直立，前腿弯曲，后腿伸直，仿佛要腾空而起，它那黑里透红的毛分外壮观，隆起的肌肉像有无穷的力量要迸发出来。

这段文字力求准确描绘"奔马"的特点。作者通过对奔马的眼睛、耳朵、鬃毛和身躯的描述把一个活生生的小奔马呈现给大家。而且突出描述了"奔"，这是与其他工艺品的不同之处，表现了这个奔马的特点。在描写时，不要面面俱到，有些无关紧要或难以描写的部分就可以略写或不写，有特点的地方或你最喜爱的地方要重点描述。

3.写活形象

如果只是简单地叙述，会使你的作文看起来很平淡，静物还是"静止"的。加入丰富的想象可以增加工艺品的"动感"，这样描写就会精彩得多。写静物要展开想象的翅膀，由这一心爱的东西产生合理想象，让静物"活"起来。

右边挑战的公牛，两只粗壮有力的牛角向前伸着，有一种"怒发冲冠"的姿态。耳朵紧贴着头部，向上竖着，仿佛正在倾听着周围的动静。它的后腿分得很开，支撑着身体，尾巴则紧收在两腿之间，一副严阵以待的样子。左边的公牛也不甘示弱，它的眼睛睁得老大，仿佛正怒视着前方。它喘着粗气，鼻子"哧哧"发出的声音，仿佛是它"战斗"前发出的号角。两头公牛都背部隆起，肚子鼓鼓的，好像再呼一口气，战争就要爆发了。看着看着，我突然感受到了一股力量，情不自禁地被这股咄咄逼人的牛劲征服了。

对工艺品"牛"的姿态进行合理想象，赋予无声的物品以声音、气息；赋予静止的物品以动作、表情……贴切自然，情景交融。这个形象就会鲜明生动，栩栩如生，让人们读之后，不仅能如见其物，同时也能感同身受。

4.提升意境

写艺术品时若能由此及彼，把与眼前事物有关的情景描述出来，丰富对这一事物的理解和感受。那么不仅能使人产生身临其境的感受，还能够充分提升文章的意境，突出主题。

如《瓷马》中，作者是这样描述的：看着这匹瓷马，我眼前好像出现了赛马时的情景：有一匹马被马群甩远了，但它不甘示弱，奋力追赶，经过不懈地

努力，终于追上了队伍。这个造型淋漓尽致地表现出马的品质。我国的那些体育健儿也具有马的品质。过去被称为"东亚病夫"的中国人，经过不懈地努力，终于名列奥运榜首，让我们一次又一次地看到五星红旗在奥运会上升起。中国也像一匹骏马，迈开双蹄，追赶着世界发达国家。我们相信，中国也将在不远的将来，赶上和超过那些发达的国家。

作者发挥了合理的联想，由瓷马奔跑的姿态联想到现实生活中人和国家的精神毅力，气势开阔，使文章的意境更上一层楼，主题自然展现。

5.倾注情感

在描写艺术品的外形、结构、用途后，还需要倾注进自己的感情（喜爱或赞美之情），表达出"我"对它的喜爱之情。

如《精致的软木雕》一文是这样描述的：

我常常望着这引人入胜的软木雕出神。我多么想变小，到这秀丽的微型立体风景中去游览一番呀！这座巧夺天工的软木雕又让我无比佩服那些能工巧匠们的高超技艺。这些没有生命的小木头在他们手里被雕成栩栩如生的形象，真叫人赞叹不已。

小作者抒发自己的情感："我多么想变小，到这秀丽的微型立体风景中遨游一番呀！"还衷心地赞叹："这座巧夺天工的软木雕又让我无比佩服那些能工巧匠们的高超技艺"。这样，通过对能工巧匠的赞美进一步把自己的喜爱之情淋漓尽致地表现出来了。

可见，只有贴切自然，情景交融的描写，艺术形象才会鲜明生动，栩栩如生，在你的笔下熠熠生辉。人们读了之后，不仅能见其物，同时也能感同身受，深深喜欢上它。

（此文发表于《小学生作文辅导》2015年第9期）

多姿多味绘游戏
——"游戏经过"写法指导

如今的孩子，有丰富的生活，开阔的视野。他们能快乐地游戏，能看到多彩的世界。然而真让他们用自己的语言清楚地表述某些内容的时候，却往往语不达意，显得苍白、干瘪，甚至搜肠刮肚也写不出文章来。这种现象的成因之一是学生不会细致地观察，准确地表达。针对这种现象，我设计了"多姿多味绘游戏"，力求让学生置身于游戏过程中，细细体察。并在特定的情境创设中，适时引导，提高他们的观察与表达能力。

图片引入

同学们都喜欢做游戏。游戏，给我们童年生活带来无限乐趣。看！挑花线、跳长绳、丢手绢，盲人摸象等等，你能把其中某个游戏生动、传情地介绍给大家吗？

我们首先来看一个镜头回放

镜 头 回 放

班会课上，老师组织大家玩盲人摸象的游戏，大家都很开心。第二天同学们写了作文，老师读到了小陈同学的游戏经过：

游戏开始了，老师在旁喊：5、4、3、2、1 的时候，同学们像无头苍蝇似的东奔西窜，生怕被"盲人"摸到。"盲人"小心翼翼地向前走着，他张开双臂在空中乱舞。"盲人"来到一位男同学面前，那位男同学来不及躲闪，就被摸到了，"盲人"在男同学头上摸了一会儿，就猜出了是谁。游戏继续进行………

教师诊断

老师告诉小陈同学,他的作文只让读者明白了游戏的大致情况,但最关键的部分——"盲人摸象"的经过比较空洞。游戏双方的配合、应对都一笔带过,缺乏应有的曲折和趣味。原因是急着将游戏过程拉成一条直线,没有把游戏中人物动作和曲折场面,进行定格、放慢,尽收眼底。

给你支招

游戏的写作顺序一般是 游戏前—— 游戏中——游戏后。要使游戏作文能平中见奇、曲折生姿,关键是写好游戏中,即过程。重点要突出一个"趣"字,也就是在游戏场景中把一些小障碍、小曲折尽量捕捉,细细描绘,才能使读者产生共鸣,有身临其境之感。写作时,怎样掌握好"曲折生姿"的技巧呢?

第一招: "巧设障碍"

这是有效的一招,它可以让游戏曲折惊险、扣人心弦。我们在描写游戏过程中就要认真揣摩游戏中"障碍"部分的每一个动作,每一处细节,要放大、放慢。

我们重新回味小陈同学在写《"盲人"摸象》中的场景,这个游戏最折腾的地方就是让"盲人""经历""坎坷"。可以设置如下障碍:

障碍之一:交换服装,干扰"盲人"。让"盲人"先观察发型相同的几位同学,然后在他蒙上眼睛后,安排"候选人"交换服装、挂件。游戏开始,几个"候选人"改头换面站在了"盲人"面前,接受"检阅"。

障碍之二:动作变化,干扰"盲人"。游戏开始后同学们或蹲或站,走来移去,让"盲人"无法通过比较个子的高矮辨认。

障碍之三:集体发声,干扰"盲人"。当一位学生不幸被"盲人"摸到脖子,他已把腮帮鼓得满满、小脸憋得红红,眼看就要招架不住时,别的"受阅"对象会不约而同地凑上前去大声哄笑,让"盲人"无法通过声音辨人。

……

总之,想方设法迷惑"盲人"。思考完这些游戏中的"曲折",把它像放电

影一样一幅一幅在脑海中经过，认真揣摩每一个动作，不能漏，也不能随意颠倒。读着这样的文字，多姿多味的游戏情景仿佛就在眼前了。

第二招：巧妙对应

游戏一般是群体活动，游戏中的两方有主次之分，某人的动作出现，对应着其他同学的反应，交代清楚人与人之间的配合关系，不能乱。场里场外的情景，要随机穿插描写，重点处浓墨涂抹，让游戏充满惊喜、趣味。巧妙对应，文章就容易起伏跌宕、摇曳多姿了。

比如写《逗木头人》的游戏，由逗方和被逗方组合，请看片断：老师已经给出一方，另一方你能填写吗？

我来试试

（屏幕出示）大家聚精会神地欣赏着这两位"木头人"的优美姿态，接下来就要看"逗笑者"的本领了。一号"逗笑者"杨明首先出场，他（

），但"木头人"早已严阵以待，好似已麻木不仁，没有丝毫的反应。接着杨明（   ），这时候同学们早就被逗得憋不住了，我也忍不住捧腹大笑，但只见两位"木头人"咬紧嘴唇，收紧脸面的肌肉。杨明又施出了新花招，（   ）木头人"就是视而不见，听而不闻。这样一号"逗笑者"只能在无可奈何的情况下败下阵来。同学们一致鼓掌祝贺"木头人"的胜利！

接着二号"逗笑者"江远上阵……

——《逗"木头人"》

写作建议：

大家聚精会神地欣赏着这两位"木头人"的优美姿态，接下来就要看"逗笑者"的本领了。一号"逗笑者"杨明首先出场，他（像触电似的全身抖动，想引得"木头人"的笑容，）但"木头人"早已严阵以待，好似已麻木不仁，没有丝毫的反应。接着杨明（又用低沉的声音讲起古怪的故事，手舞足蹈地说起了笑话。）这时候同学们早就被逗得憋不住了，我也忍不住捧腹大笑，但只见两位"木头人"咬紧嘴唇，收紧脸面的肌肉。杨明又施出了新花招，（扮成小和尚，敲着"木鱼"，口中念念有词，还不时地翻着白眼。）"木头人"就是视而不见，听而不闻。这样一号"逗笑者"只能在无可奈何的情况下败下阵来。同学们一致鼓掌祝贺"木头人"的胜利！

接着二号"逗笑者"上阵……

教师总结：小作者化平淡为神奇，把一号"逗笑者"的"逗"法写得生动有趣：三次"逗"的过程各不相同，层层递进，动作、神态、声音融为一体，神形毕备，惟妙惟肖。三次过程中恰到好处地穿插两位"木头人"和其他同学及自己的表情变化。游戏场景多姿多彩，整个玩法充满情趣。

下面来欣赏一篇游戏作文：

阅读欣赏

好玩的"斗鸡"比赛

王子路

最近，同学之间流行一种叫"斗鸡"的游戏。这种游戏方法是这样的：右腿弯曲上提，双手紧紧拉住上提的小腿，然后左腿单立呈"金鸡独立"，同伴相互进攻，对方不能保持平衡就获胜。"斗鸡"游戏方法简单，而且随时随地都可以玩，所以成了同学们课余的最爱。

有一次，我和祝哲、陈凌彬三人又玩起了三角"斗鸡"的游戏，三人混战，最后能保持平衡的就是大王。我把右腿高高抬起，双手使劲抬住，右脚弯曲成一个坚硬的锐角，这就是我进攻的"武器"。左腿高高跳起，伺机向"敌人"进攻。

大家都小心翼翼地周旋着，一会儿我悄悄转到了你身后，一会儿他轻轻移到了我旁边，谁也不敢轻易发起进攻，都在等候时机。我想："你们怎么还不进攻呀，再不进攻，我的锐气都要减弱了。我看还是主动进攻吧！"锁定目标，我率先攻打小个子陈凌彬，于是我用左脚跳到他面前，用尖锐的右腿"锐角"向他发起有力的攻击。陈凌彬虽说个子小，力气却不小。他紧紧顶住我的膝盖，逼得我步步后退。我"金鸡独立"着，平衡性大打折扣，左摇右晃，眼看要摔倒了。我猛吸一口气，好不容易稳住身子。陈凌彬毫不手软，左脚跳着，又猛地来了一次进攻，看来此战我是必败无疑了。任凭我如何反抗，终不能敌。不出我所料，我差点摔倒，以失败告终。

第二回合我想出了一个取胜的好主意，再次挑战陈凌彬，这次我把右腿压低，平衡感一下子增强了许多。我把抬起的右脚悄悄放在他抬起的右脚下面，然后用力往上一抬，陈凌彬原以为我会像上次那样，用右腿"锐角"撞击他，没有防备我会来从他右脚下往上抬这一招，使得他右脚突然升得太高，站立的身体失去平衡，一下子人仰马翻。祝哲在一边观战，见此情景，没等我发起进攻，就乖乖地举起"白旗"投降了。这回我是智取成功。

"斗鸡"游戏不但提高了我们"金鸡独立"的平衡能力，而且让我们的课余充满乐趣、我们深深喜欢它。

习作点评

这篇游戏作文，小作者记叙了自己如何"斗鸡"的过程，动作、神态描写准确传神。特别是玩法中注重细节，双方的曲折"斗鸡"过程，"脚、手、身子"如何配合，先写自己进攻，紧跟着就是对方应对，一来一回、一进一退互相穿插，文中就有了多姿多彩的玩法，变化曲折的过程，趣味浓浓的体验。游戏有个循环轮回过程，第二回合采用略写，有详有略，层次清晰。

同学们，听了老师的讲解，通过填空练习和佳作欣赏，你们都掌握游戏经过如何写具体、生动的方法了吧？一起来回顾一下吧！

"写作诀窍"

写游戏作文的经过部分，我们要掌握好"曲折生姿"的技巧。也就是在游戏场景中把一些小障碍、小曲折尽量捕捉，细细描绘;把游戏中的多方人物动作进行合理的对应、配合，使游戏过程和动作变化显得生动、有趣。

老师指导的是"游戏经过"部分的写法，这是整篇游戏作文的重中之重。在写作时同学们还要注重自己的心理活动、游戏的气氛和语言的生动哦！掌握了这些，相信你的作文一定是佳作！

（此文发表于《少男少女》（小学版）2015 年第 7 期）

把静物写活
——"描特点，展联想"写活静物

镜 头 回 放

作文课上，同学们带来了一件件工艺品，有个性十足的储蓄罐，精巧别致的小闹钟，造型独特的浮雕像……这些工艺品装点着大家的生活，给同学们带来快乐、美好的回忆。

我们来读读小彬的《陶瓷南瓜》作文片段：

……这个南瓜是陶瓷做的，重约 3 斤。表面非常光滑，冰冰的，有点黄中带绿。陶瓷南瓜构造较为简单，跟农民伯伯种出的南瓜样子是一样的。颜色不是那么的鲜艳夺目，而是一般的橙色。南瓜整体被分成了 10 份。

这个"瓷南瓜"片段描写，给人的感觉是小作者的写作缺乏一定的顺序，写结构、颜色时随意呈现；物品特点不鲜明，所以静物"活"不起来。对"陶瓷南瓜"的构造，小作者有一定的联想，但是联想比较平淡，唤不起读者的喜爱之情。

教 师 诊 断

同学们心里明明很喜欢这样一件物品，为什么写的时候就是理不清顺序，突不出特点，或者写得平平淡淡，无法让它栩栩如生地"活"在自己的笔下呢？

出现这种现象的原因是观察时同学们不清楚如何按照一定的顺序，一步一步地将所写的静物形状、构造看清楚，在脑子里留下深刻印象。

教 师 支 招

一个物品是静止的，在描写的过程中，要运用多种表现方法，把物品写得传神、生动。"作文始于观察"，观察要有顺序，**或从上到下、从里到外，或**

从整体到局部、从点到面，观察它的形状、颜色、功用。只有观察清楚，写起来才能得心应手，生动感人。

同学们来看两个习作片段，学会其中的写作技巧。

1.学会描准特点

【片段呈现】这盏小台灯全身披着粉红色的外衣。蘑菇盖儿形的灯罩罩着淡黄色的灯泡。灯柱是一根圆形的管子，光洁如玉，微微弯曲着，有力地支撑着灯罩。灯座是椭圆形的，四周镶嵌着一圈金黄的花边，仿佛是一朵绽放的向日葵。轻轻揭开盖子一看，还是一个漂亮的文具盒呢。最有趣的是灯座上伸出的两只小手臂——两根细细的粉红色的横竿，可以调节高低来夹住书页。……台灯啊！你毫不疲倦，为我提供光明，你散发着缕缕温暖的灯光陪伴我学习，你是我最忠实的朋友。（习作《台灯》）

【写法解读】小作者准确描绘"台灯"的特点，对灯罩、灯柱、灯座进行了细致的描写，按照从上到下的顺序，重点抓住了台灯的颜色（**全身披着粉红色的外衣**）、形状（**蘑菇盖儿形的灯罩；灯柱是一根圆形的管子；灯座是椭圆形的**）和功能（**可以调节高低来夹住书页，散发着缕缕温暖的灯光陪伴我学习**）来写。特点鲜明，让我们如见其物。这些描写中都饱含着作者对台灯的喜爱，是作者细心观察的结果。

【技巧提炼】每个静物都是由许多部分组成的，我们不能面面俱到，但要分清主次，把它最独特的地方写出来。要抓住形状、颜色、功能等特点来写。有特点，才能给人留下鲜明、深刻的印象，事物的特点才能清晰地展现在读者面前。

2.学会化静为动

艺术品是没有生命的，如果一味进行静态描写，就会显得单调和乏味，应该动静结合。面对静止的艺术品，可以通过动态描写，赋予它人的动作、神态。运用一些动作刻画，神态渲染，可以化静为动，使形象栩栩如生。

【片段呈现】学习之余，我常常会去欣赏窗台上那盆独特的山水盆景，借以散心开怀。瞧，小亭对面，是一座异常陡峭的山峰，我称它为"灵云峰"，峰下是万丈"深渊"。半山腰，更是别有洞天——一座山洞横穿"仙山"。洞口，两位鹤发童颜、慈眉善目的老仙翁一边下棋，一边悠闲自得地品着仙茶，好不逍遥。"灵云峰"下，一片茂密的野藤直垂到山下的水面，两只小猴正嬉

笑攀玩。与仙山一水之隔，是一块巨石，一位白发老翁头戴斗笠，足蹬草鞋，手擎那支没有鱼钩的钓鱼竿，漫不经心地坐在巨石上，还和水上的渔夫、山上的仙人说笑呢！这可真是"姜太公钓鱼，愿者上钩"啊！（习作《我喜欢的盆景》）

【写法解读】 这段话中描写的盆景中的人物形象栩栩如生，关键是让静物动了起来。有了动作，静物就能"活"起来，给人鲜明的形象和感染。**如描写老仙翁的动作"一边下棋，一边悠闲自得地品着仙茶"，"渔翁"则是"头戴斗笠，足登草鞋，手擎鱼竿，漫不经心地坐在巨石上"。** 让这些原本没有生命的"盆景人物"或坐或立，或走或蹲，姿态各异，神态丰富，生动逼真。动词的正确使用，使"盆景中的静态人物"，跃然纸上，呼之欲出。连小鱼都"追逐嬉戏"，一个富有情趣的组合盆景呈现在眼前，深深吸引着读者。

【技巧提炼】

写静物要展开想象的翅膀，化静为动，由这一心爱的东西产生合理联想让静物"活"起来。通过观察和想象，正确运用动词，对静物的一种姿态、一个造型、一处角度进行合理描写，给无声的物品以声音、气息，给静止的物品以动作、表情……贴切自然，情景交融。这个独特点就会鲜明生动，栩栩如生，如"盆景人物"让人们读了之后，如见其物，如闻其声，同时也能够充分体会到小作者的喜爱之情。

【修改提升】

学会了这些方法，你能把《陶瓷南瓜》作文片段进行修改吗？请试一试哦。

习作展台

水晶鹿雕

江何琪

我是一个喜欢收藏的女孩。在我众多的工艺品中，有一件水晶做的工艺品——鹿雕，与众不同。我非常喜欢它，就把它放在玻璃展柜的最显眼处。

这只水晶鹿雕由三只梅花鹿的组合，是用一块橘红色的水晶雕刻而成的。

它们的脚下是一块绿茸茸的草地。三只鹿站着、卧着的姿势都很随意，但却很和谐，呈现出一种自然美。

这三只鹿一只大，两只小，可能是母子三个吧。它们一定是刚刚美餐了一顿，在这里小憩。看，母子三个沐浴着柔和的阳光，悠然自得地各行其是，多么舒适！鹿妈妈静静地站在那里，头微微歪着，耳朵向上竖起，好像在侧耳倾听什么，可能是在听百灵鸟歌唱吧！她一定听得入迷了，要不怎么会没理会她的小宝宝一个劲地蹭她呢？那只蹭妈妈的小鹿，头上一对美丽的角闪闪发光。它平时总是偎依在妈妈的怀抱里，怪不得对这柔软的草地还嫌不舒服呢，它一定要妈妈也躺下来，偎依着妈妈撒娇。可是妈妈一直不理它，它委屈极了，撅着嘴巴呢……小鹿你不懂得百灵鸟的歌声有多么美，你不要怪妈妈。

另一只小鹿站在哥哥的身边，把头靠近妈妈，学着妈妈的样子睁大眼睛，竖起耳朵，瞧它那神气劲儿！它的眼睛好像在问妈妈："我像您吗？"乍一看，挺像的，只不过身材矮小些而已；仔细看看，它那幼稚、调皮而又装得一本正经的样子，真叫你忍俊不禁，好一个调皮的小家伙！

我喜欢这件工艺品，因为水晶鹿雕不仅生动逼真地表现出了鹿的可爱形象，而且融情于其中，淋漓尽致地表达了悠悠母子情，充满了生活情趣。

习作点评

小作者描写了一件形态逼真，模样可爱的工艺品——水晶鹿雕，通过"整体——局部——整体"的观察顺序，细致地描写了母鹿、两只小鹿的动态特点，构思奇妙，语言生动传神。通过丰富的联想，赋予三只静态的水晶鹿以声音、动作、心理活动，将水晶鹿雕刻画得栩栩如生。结尾进一步描写出整个作品所包含的丰富内涵。这样的静物描写，还能不"活"在你心中吗？

（参与编写《小学同步课堂作文》二十一世纪出版社，此文节选）

（2015 年 6 月）

第二章 "特写"随境而灵动

主题 1 走进校园生活

校园生活素材多

素材开拓

校园里的生活总是那么令人难忘，课堂上、操场上都留下了一幕幕精彩的瞬间，撒下了一串串银铃般的笑声。每一天都是新鲜的，我们都在亲历着这份美好。是一次小实验的好奇？是风铃摇曳教室的快乐？感受校园生活的多彩，享受一种别样的乐趣。只要用心体验，校园里会有写不完的素材，道不完的精彩。

如画校园美景留

清晨，快乐的鸟儿唱着歌，伴随着你们走过洒满花香的校园小径，阳光铺在写有校名的铜牌上，一缕缕晨光照射到你们身上……你每天都能看见漂亮的花儿与清澈的"未名河"，挺拔的樟树与婀娜的垂柳，还有背着书包，手拉着手说说笑笑的小朋友……这就像一幅幅生动变幻的画页，让人心旷神怡。让自己成为风景中的主角，用笔捕捉这动人画面，《漫步校园小路上》《满眼都是美如画》就是把校园中最独特的景物，用"特写"法进行描写，抒发出内心勃发的这份情感。

生动课堂乐趣浓

课堂上你们尽情展示才能，大胆表达独到的见解，课堂是汲取知识、享受成长的乐园。声情并茂的语文课上，你尽情朗读课文，感受祖国语言文字的博大精深；活泼愉悦的体育课上，你跳绳、打球、跑步……体验运动带来的身心

放松；生动有趣的科学课上，你们领略科学殿堂的神奇无比……自然的无穷奥秘一一呈现在你们面前，妙趣横生的实验一定会让你记忆犹新。"我们先用一个大铁钉，绕上电线通电，吸起了五个回形针，而我们用一个小铁钉时，只吸起了三个回形针。从而，我们得出了铁芯大小与磁力有关，铁心越大，磁力越大的结论。"还有久盼而来的大作家、外教老师来到课堂与你们交流、畅谈，那份感觉就更独特了！把自己置身课堂的真切经历写下来，就是一次美好的回味哟！

休闲课间友谊纯

课间，你们有的依傍在栏杆上，凭栏远眺；有的聚集在长廊上，尽情游戏。课间虽然短暂，但很珍贵，是你们交流心得，倾诉心情，收获友谊的休闲时光。你们时常碰见自己的同学或是别班的好伙伴，友好地招一招手，亲热地拍一拍背，亲切地问候两句，再聊一聊最近做了些什么，谈心促进彼此的心灵的沟通，讨论问题激发彼此的思维，让自己更加充实与睿智。哪怕闹些小别扭，大家也不会放在心上的，《我的搞笑同学》就写了班里一位"搞笑同学"与大伙闹别扭后主动和好的有趣事儿。你是否也想起了课间生活的点点滴滴？也许是你和同学一次互帮互助的经历，也许是你和同学一起游戏的愉悦……这样的故事很多吧？别忘了及时用笔把它记录下来，那样的情景肯定是动人动情的。

餐桌笑语意味长

在学校与同学们一起就餐，边吃边聊，着实开心，在轻松的环境中，说话总是很随意。要是哪位同学"爆出"一两句笑语，爱较真的同学肯定会"不依不饶"，那可大有文章可做了。你看：两个值日同学已吃好中饭，他们站在饭桶旁边高声问：还有没有人要饭！顿时，学生们爆发出一阵笑声，一同学站起来反驳，我们不是"要饭"的！大家笑得前仰后合，随即一场有趣的辩论展开了，此"要饭"与彼"要饭"大不相同，里面的学问可有讲究呢！在教师引导下，意犹未尽的同学在周记中写下了《喷饭的笑话》《这样的普通话》……一篇篇文章真实自然，充满童真童趣，体现着多姿多彩的校园生活。简单的笑语中生发了许多作文的素材呢！只要带着思考用心留意，记录下同学们的表情神

态，言语动作，当时的形象就会历历在目，跃然纸上。

运动场上奋力搏

运动会上你会看见跑步运动员那整装待发的气势，如离弦之箭一般的冲劲，战无不胜的决心。一个个拉拉队加油助威的庞大阵势——有挥舞双臂的，有跳起来大声喊的……个个神气活现！只要你用心体会，还会发现许多"台前幕后的精彩小故事"呢！暂时失利的运动员如何在同学们的鼓励下重振信心，走向赛场，绽放出胜利的笑脸。 为了在1500米长跑中取得好成绩，一位同学使用了"自制土办法"——嚼辣椒。结果，辣水和泪水一起飞，在苦辣的滋味中坚持跑完全程。你可以做个消息灵通的"小记者"，去采访采访这些"小人物"的拼搏经历，把自己的感受一并写出来，文章一定会与众不同！

实践活动见识长

说起校园实践活动，一幕幕难忘的情景就浮现在眼前：紧张刺激的晚间校园露营，别出心裁的环保时装秀，千方百计吸引同学来购物的"爱心小书市"，还有难得一见的教师走秀呢……在活动中你们开阔了眼界、增长了才干，体验到了一份新奇！就如一位同学在《爱心小超市》中写道："每个摊位都做了精心的布展，一排排一行行，仿佛就是大商场里的柜台。摊位前面都放着广告牌："大削价、买一送一"，吸引着同学们来购买。卖书的同学采用各种营销手段进行促销，纷纷亮开嗓子吆喝……"读着这样的文字，你们仿佛看到了当时的场景：这儿有同学们愿望实现后的满足，成功时的兴奋，战胜小挫折后的喜悦。这一切都是那么美好，值得珍惜和回味，让它成为你记忆相册中精彩的一页吧。

[例文]

校园"名模"展示

今天，我们听到一个激动人心的好消息，学校要举行教师"名模"走秀活动！哈哈！很幸运，我还当上了大众评委。

场上富有活力和动感的时尚音乐奏响了。同学们盘着腿，坐在表演台两边。大家都笑容满面，期待着那耳目一新的场面。

一位穿着银白色上衣的老师，不知被谁推上台，或许她还没准备好，一上台便红着脸，逃下台去了。接着出场的是身着草绿色服装的李老师，看！她多有舞台经验呀！把笔直黑亮的头发一甩，做了一个很炫的动作，一旁观看的同学惊叹道：哇！李老师简直美极了！"李老师这么一甩便征服了场下所有人，接着，李老师作秀似地向周围同学挥挥手，说"同学们好！"掌声顿时轰鸣起来。

也许是刚下场的那位老师不服输吧，再次登上舞台。这次她神态自若，她用那双水灵灵的眼睛，望了望台下的观众，步子轻盈而流畅。她又冲大家笑了笑，甜甜的笑容有点醉人。她把双手插进袋子里，停了停，摆了个POSE，又转了个圈，才缓缓走下台。大家为这位老师的勇气拍手叫好，为她勇于挑战自我而欢呼雀跃。

最令我满意的是10号李老师。他好帅、好酷、好俊哟！他刚上场，我就把眼睛睁得大大的，一动不动地注视着他。只见他的上衣忽闪忽闪地抖动，双腿迈着轻快的步伐，脸上带着愉快的笑容。呀哟哟，他可真像电视上的模特儿呀！顿时，场上掌声如雷，全校学生都看傻了眼。此时，几个电台大记者都抢着拍照，那个场面，实在是热闹极了。

这种别开生面的场面，我还是第一次见到。真没想到，平时这么严肃的老师还有这么可爱的一面呀！

(余丽娟)

军训花絮

军训生活像一支歌，嘹亮而悠长。回味军训紧张而快乐的三天，我充满了无穷的留恋，一些有趣的片段如镜头般在我脑海中回放。

"明天要军训了"

"发军服喽！"一个响亮的声音响起，只见一大堆迷彩服、军帽堆在讲台

上。换衣服时，出现了许多乐趣：因为衣服是随机领取的，一点也不合身。矮小的同学衣服几乎垂到了膝盖上，裤腰肥得像个水桶，一穿上就掉下来，我也是其中之一。而高大的同学的衣裤反而显得小了，吊在那边像个小丑，根本穿不进。大家你看着我，我看你，哈哈大笑。

"快乐拉歌"

下午，大家穿着迷彩服，站在红红的跑道上，形成了一道独特的风景。在口号声中，我们开始练习齐步走，左右转，蹲坐等一系列动作。为求整齐，教官带我们一遍又一遍地重复着练。在休息期间，为了调节气氛，教官让我们"拉歌"，就是班与班之间我喊一句，你喊一句，进行"叫阵"。我们全班同学对着三班大叫："一二三四五，我们等得好辛苦！三班，来一个！"对方马上激烈回应："一二三四五六七，我们等得好焦急！五班，来一个"意思是让我们为他们唱一支歌。大家拍手、对喊，气氛越来越热烈，为紧张的军训增添了一些快乐因素，真有趣！

汇报演出

汇报演出开始了。首先上场的是五（1）班，我们聚精会神地看着他们表演。当我看到个别同学动作做错时，我也有些着急，生怕自己在比赛时也出错。突然一阵嘹亮的军歌响起，该我们上场了。我们摩拳擦掌，快速排好队，精神焕发地走向训练场。我环顾四周看着周围的同学，感觉他们都在注意我，我莫名地紧张起来，一时间连教官的口号也没听见。不知道下一步该做什么动作，我急中生智，立刻跟着前面一位同学做，才没露出破绽。后面的过程我都仔细地听口令，把每个动作都做到位。经过主席台时，我们抬头挺胸，目视前方，迈着整齐的步伐，喊着口号。我们顺利回到了原位，以为大功告成，没想到，教官又突然多报了一个口令，同学们没听清，像一群无头苍蝇乱转，台下同学发出一阵阵嘲笑。我的心一下子掉进了无底洞，真恨不得有个地洞钻进去。

回到教室，教官就要走了，同学们与他依依惜别，向他要 QQ 号码、电话号码，有些女同学还流出了眼泪。我没那么脆弱，不过心里真希望他能多留一会儿。

（徐晨琦）　（此文发表于《作文素材》杂志 2011 年第 6 期）

聊聊"考试"那些事儿

素材开拓

考试，是你们最熟悉不过的事儿。多少欢喜，多少忧愁因它而起！多少期待，多少焦急由它带来！于是，同学们无不成为久经沙场的"老将"。面对一张张试卷，你们挥动着一支支神奇的笔，从"ɑ、o、e"到"加减乘除"，从骆宾王的《鹅》到李白的《将进酒》，从小学一年级看着拼音读文章到高年级的填诗写文……交上试卷后，常见三五成群在一起对答案的身影，瞧瞧你们，有笑脸、有哭相，有欣慰、有后悔。可谓人生百态，尽显考场内外。

考试，已成为校园生活中最热门的"话题"。说起考试那些事儿，真可谓"精彩纷呈"！

一次细致入微的百态观察

考试是件略带紧张而神秘的事，于是考场上就有了那种安静却又掺点神秘的氛围。当试卷发下的一瞬间，只要稍作留心，就会观察到一个个逼真的"镜头"：同学们一个个正襟危坐，腰板比平时挺立多了；就连那些平日里活泼有余的调皮男生，此时都一概皱紧眉头，扮出一副誓不折服的模样。再看老师，往日的笑脸，消失得无影无踪，一律换上了严肃的神情。在那里，你可以见识到真正的严师威风。教室里静得出奇，耳朵里只听到"沙沙"的书写声……这是一个稍纵即逝的"画面"，进行这样视角独特的试前观察，就是一次角度新颖的场面描写呢。

一次启迪智慧的特殊体验

记忆中，考试总在学完知识之后进行的，可是有那么一位教师偏偏就当他教完语文第一单元时，突然对同学们宣布说要考第二单元。当时同学们真是搞

不清老师"葫芦里卖什么药"。直到老师解释："这次考试确实有些不同，可以翻书、查字典，但绝对不可以看辅导书。"全班才如释重负、松了一口气。

于是教室里就有了一阵阵"唰唰唰"的翻书声，这与平时的静悄悄形成了截然对比。一位学生写道：我尽情地翻书、还故意弄出声音来，这种感觉很爽！抬头看了看周围的同学，有的在查厚厚的字典，头上都冒出了豆大的汗珠；还有的翻书找词句，一大半天都没有找着，真有些不耐烦了，脸也变得通红……这次考试虽然说很麻烦，但让我们提前预习了第二单元，培养了独立查找资料的能力，启迪了我们智慧的潜能。

"开卷考"对小学生来说的确很新鲜，很好奇。抓住这种特殊的考试体验，让自己的心情随着书页的翻动慢慢起伏变化，写出的作文一定与众不同！

一次轻松惬意的精彩旅程

考试不仅仅是紧张和"煎熬"，也是一种轻松和惬意。细细体味这种感觉，你会觉得这更像一场精彩的精神旅行呢！

倾听考场上的钟声，这在平时总被忽略、被埋怨的钟声，此时变得多么可爱啊！它像一个个欢快跳动的音符，奏着美妙的乐章，它又像一面永不停摆的警钟，"嘀嗒，嘀嗒"的，让你体会着光阴似箭的滋味，催你奋笔疾书。

感受答题时的那种激动。"扑扑"的心跳，时刻提醒你集中精力，那份冷静和清醒是多么的宝贵。没有这种投入，答题时又怎能锲而不舍地"冲锋陷阵"？作文时怎会文思泉涌，下笔成文呢？

做完试卷后，你可以看看窗外的天空，想象着老师阅卷时的感叹，想象着报分数时同学们的表情，想象回家时父母的喜悦。怀着美好的心情我们可以把考场写得如诗如画，美不胜收，让人读来心生羡慕。

一次历久弥新的人生教诲

还有一种考试很特殊，它不是都要端坐在考场中，它不会给同学们充足的时间来做准备，它会随时给我们出张卷子，但无不检验着你的人格、品性、磨炼着你的意志。

挨批评是一场考试，通过认识错误认识了自己。只要能努力不再犯，就算

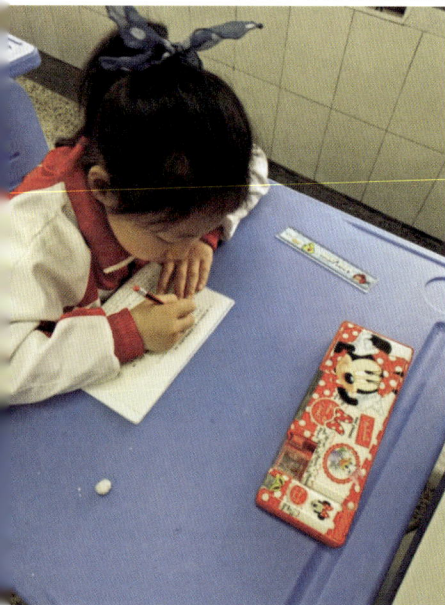

通过了考试；若是灰心沮丧，不再努力，你就只能算不及格。若你获得了成功，你又将获得一张试卷：面对荣誉，你是继续努力，争取下一次的成功，还是高举荣誉，止步不前，躺在成功的温床上回味那成功的甘甜呢？

那么多的"人生答卷"要你自己选择，在选择中你会产生各种深刻的心理体验，很多的人生感悟。这样的"考试"虽然是无形的，但写下来是多么有意义的一次"教诲"和"洗礼"呀。

一次时空交错的奇妙幻想

面对考试，相处久了，我们会把它想象成各种各样的有趣"形象"：是"智慧的使者"，"可爱的精灵"，还是"可恶的妖魔"……做一次奇妙的幻想，让思维在无拘无束地畅游中表达对"考试"的感受。实话巧说会使文章妙趣横生，颇具吸引力，有位学生这样表达：

考试先生，您好！虽然我称你为考试先生，可是我觉得你像一个威严的"老皇帝"。自从我们进入了学校后，就一分钟没有逃脱过您的掌控。其实，我们学生人数众多，完全可以反抗，但是你的"老朋友"——我们的语文老师时时保护着你，让我们彻底打消了这个愚蠢的念头。

读着这几句话，你是否感受到一个威严而霸气的"考试先生"跃入你的脑海中呢，幽默的话语中透着一种顽皮的调侃和深深的理解。联系多年经历的多场考试，你一定会感同身受，写出更多的佳作。

慢慢回忆考试中难忘而有趣的故事，面对试卷有人充满期望，有人苦不堪言；细细品味考试后的各种滋味，看着分数有人乐得手舞足蹈，有人急得如火如焚。感受其中的酸甜苦辣，抒发自己的独特感悟。考试那些事儿，真让人"刻骨铭心"！

[例文]

不寻常的考试

天上的月亮是多么恬静，微风柔柔地抚摸着我，轻轻翻动着窗前的书。周围是那么宁静，而我却心神激荡，早上发生的事不由自主地在脑海中浮现。

早上，天气格外好。空气新鲜，到处鲜亮亮的，令人心旷神怡。我的心情也很好，因为今天是最后一门考试，也是我最有把握的一门——语文。

不久，进场了，一张雪白的卷子摊在我的桌子上。坐下后，我拿起卷子一看，呀！我的心忽地沉了一下：怎么有几道题没见过？我把心一横，管它呢，先写会的，于是我拿笔做起来。沙沙沙，教室里静极了，只听见笔和纸磨擦的声音。前后那些容易的很快做好了。然后，我专门攻克难题。我左手扶着头，右手紧握着笔，两眼闭着，在大脑里搜索答案，不管我怎么想，那藏在记忆角落里的、在很久以前老师曾讲过的那几个字就是不肯出来。天气虽然很凉爽，但我却浑身燥热。怎么办？考试结束的时间快到了，我还有一个选择题没填。

我心里焦急地喊着：到底是哪一个呢？忽听耳边有个很轻的声音，"是C"！我愕然抬头，只见我的一个最要好的朋友从我身边走过，她是去交卷的，走时还向我挤了挤眼。我低下头，看着那个空。我心里翻滚，到底填不填？我那位好朋友，成绩在班里那是数一数二的，她说的，十有八九是对的。可老师的教诲，父母严厉的目光在我眼前晃动。人说：诚实是金。可分数的力量非同小可，有三分呢！到底填不填？我问自己……

最终，我把试卷交上去了，那个答案仍然是空的。

晚上，我查了书，的确应是"C"，可我不后悔。在这次考试里，我通过了比考试成绩更重要的测试——心灵的考试！

（徐锦岁）

考场上

今天期末大考，我一直担忧着。

试卷发下来了，我望着平坦的课桌，瞪着那支早已被汗水浸湿的钢笔，真想使自己平静下来，但心跳仍在加速，好像敲着小鼓："咚咚、咚咚、咚咚……"

老师将卷子发了下来，眼见着白花花的卷子像波浪似的涌来，我颤抖着写下自己的名字。不要紧张，你一定能行！我提醒自己。眼前浮现出爸爸、妈妈、老师……他们期待的眼神。

"可以作答了。"宋老师平静地说。我开始读题"一、将下列字……"这些字闪电般反映到我的大脑里，淹没在恐惧之中的我马上明白了它们的意思，立即忘记了紧张，奋笔疾书。

做完阅读题就到了作文题，作文题竟是写"难忘的什么"，可我几乎什么都忘。我在茫茫素材中随便抓了一个，在混乱中不知所措地想着。最终一狠心，写下了一件被同学们誉为最幼稚的事，就是它了，我没时间了！

我开始检查了，错了一个字！又错了一个字！可它们怎么写呢？天啊！我竟然忘记了。这是一种悬在半空中的感觉，前面做过的题还有疑问和空白，而后面更是一串绝望和无法挽救的错误。救前面吧！还有多少时间？顾后面吧！分数会不会白白流走？

我又检查下去，竟发挥超常，头脑突然格外清醒，我抓住这难得一见的灵光，把我应有的水平发挥得淋漓尽致。但是，我还是不能肯定一分不扣，不能肯定！第二次检查完毕，我决定不再检查，因为刚才片刻的头脑清晰又被搅乱。我用手一触脸，发烫！我盼着快快下课。

在我的默默祈祷中，考试结束了，我的卷子从桌面上消失。我不禁有一丝莫名其妙的解脱感。

（任天笑）

（此文发表于《作文素材》2012年第1—2期）

我的搞笑同学

习作精评

★ 习作题目解析

小朋友，看到"我的搞笑同学"这个题目，你觉得这篇习作主要是写什么？应该重点写什么？怎样才能写得好呢？

显然，看这个题目，这篇文章是写人的，而且是写自己熟悉的同学，这个同学有什么特点呢？很搞笑。写人，一定要突出人物性格，切勿千人一面。

写这个同学时，当然要写"搞笑"这个明显特点喽。怎样才能写出"搞笑"？那肯定是要抓住最能反映"搞笑"特征的事件来写。选择一些发生在他身上的有趣的日常小事，容易写好，也更能让人信服。

下面，我们首先来看徐晨琦小朋友是怎么写的。

习作点评

我的搞笑同学

徐晨琦

我有一个同学，叫任天笑。他胖胖的，特别爱笑。更让人觉得有趣的是，每到冬天，他的嘴巴旁边[?]有一圈红色，就像涂了一层厚厚的口红，那是他用舌头舔出来的。[?]

他有一个怪脾气，就是表情变化特别快，让人摸不着头脑。有一天，他正在和几个女同学玩。刚刚玩得还是很高兴的，可是[?]不知谁说了他一句坏话，他就立刻生气了，把双手一叉[?]脚一跺、头一仰，根根短发都快竖起来了，[?]嘴里叫着："谁叫你说我的，我不跟你们玩了。[?]声音又尖又响，仿佛是一只正在播放高音的喇叭。一起玩的同学都笑着捂住了耳朵，不理他。任大笑见了[?]，头也不回地"噔噔噔"地走了。[?]过了一会儿，他停下了脚步，大概觉得这样做有损男子汉的风度吧！他慢吞吞地回头转身了[?]。见大家笑嘻嘻地望着自己没作反应，只好脚步重重地向前挪着。来到大家面前，他停了一会儿，仰起脸，冲大家一笑，若无其事地说："好男不跟女斗！我原谅你们了！"说完，脸霎时红了。同学们并不计较，任天笑马上又恢复了刚才玩耍时的快乐样儿。

批注[U1]："嘴巴旁边"所指范围太泛，应该是"嘴唇四周"。

批注[U2]："男生的嘴唇红红的"是很有趣，会让人误以为是女生，特点鲜明。

批注[U3]："可是"这个词多余，删去。

批注[U4]：这个动作表达不是很清楚，应该是：双手腰间一叉。

批注[U5]：生气时的动作神态描写很逼真，加上想象，你是否觉得他很像"一头发怒的小狮子呀"。

批注[U6]：标点也表达情感，这儿应该用叹号。

批注[U7]："见了"太平淡，反映不出当事人的心情，改为"一见，更生气了"。

批注[U8]：这位同学生气地走了，大家反应怎么样，这儿应该描写交代一下同学们当时的表情和神态。既可以丰富场面，反衬他的性格，文章也更有可读性了。

批注[U9]：这组动作可以具体化，体现他想和好又怕难为情的思想转变过程。

我这个爱面子的同学还非常会"创新"——改歌词。记得去年一次班会课主题是"小学生常玩电脑危害大"。[？]作为主持人的任天笑便闪亮登场了，只见他拿着话筒，套用《好汉歌》的调子，[？]高声唱着："常玩电脑呀，驼背又近视呀，一无所获又挨骂呀！我劝大家不玩电脑……"一曲唱完，大家掌声雷动。[？]他更得意了，下课时[？]总爱哼上几句，无拘无束，巴不得大家称他是"小小词作家"呢。

嗨，任天笑真会搞笑，他的故事三天三夜也说不完，他真是我们的"乐罐子"。

批注[U10]：这句话有语病，应改成："记得在去年一次主题为'小学生常玩电脑危害大'的班会课上。"

批注[U11]："改歌词"这个事件很有趣，但缺少一些有趣的动作细节。这位同学在"唱歌"时有些什么夸张的搞笑动作，唱歌的声音有什么特别之处？同学和老师的反应怎样？要给人一种幽默轻松感。

批注[U12]：这儿加一句："任天笑因此名声大震。"使句子前后更加连贯。

批注[U13]："无拘无束"这个词出现太突然，体现在哪里？要具体化。字里行间要体现出他爱张扬、爱搞笑的个性特点。

总评：徐晨琦小朋友写自己的同学"搞笑"，选择了两件有趣的小事："和同学玩耍时喜怒表情变化快"和"班会课上改唱歌词"。通过语言、动作、神态描写突出任天笑同学的个性特点，而且在布局上注意详略变化，让人印象深刻。但是，正如老师在上面所批注的，小作者在一些关键的地方，缺少一些有趣的动作细节描写，读起来，让读者感觉"搞笑"特点还不够鲜明。

请看看老师修改后的文章。

修改后的习作

我的搞笑同学

我有一个同学，叫任天笑。他胖胖的，特别爱笑。更让人觉得有趣的是，每到冬天，他的嘴唇四周有一圈红色，就像涂了一层厚厚的口红，那是他用舌头舔出来的。

他有一个怪脾气，就是表情变化特别快，让人摸不着头脑。有一天，他正在和几个女同学玩。刚刚玩得还是很高兴的，不知谁说了他一句坏话，他就立刻生气了。双手腰间一叉，脚一跺，头一仰，根根短发都快竖起来了，活像一头发怒的小狮子，嘴里叫着："谁叫你说我的，我不跟你们玩了！"声音又尖又响，仿佛是一只正在播放高音的喇叭。一起玩的女同学都笑着捂住了耳朵，不理他。任天笑一见，更生气了，头也不回地"噔噔噔"地走了。大家觉得既意外又好笑，就故意不去追他，偷偷地憋住笑望着他。过了一会儿，任天笑停下了脚步，大概觉得这样一走有损男子汉的风度吧！他挠挠后脑勺，好像在打什么主意，胖胖的身子故意左右摇摆着，不久，身子慢慢转回来了。可是见大家笑嘻嘻地望着自己没作反应，只好脚步重重地向前挪着。来到大家面前，他停了一会儿，仰起脸，冲大家一笑，若无其事地说："好男不跟女斗！我原谅你们了！"说完，脸霎时红了。同学们并不计较，任天笑马上又恢复了刚才玩耍时的快乐样儿。

我这个爱面子的同学还非常会"创新"——改歌词。记得在去年一次主题为"小学生常玩电脑危害大"的班会课上，作为主持人的任天笑闪亮登场，他拿着话筒，套用《好汉歌》的调子，高声唱着："常玩电脑呀，驼背又近视呀，一无所获又挨骂呀！我劝大家不玩电脑……"他边唱边做着各种夸张的搞笑动作：一会儿摇头晃脑，一会儿手舞足蹈，声音忽高忽低，有时响如洪钟，有时低如细语，有时还跑调……把同学和老师逗得捧腹大笑。

一曲唱完，大家掌声雷动。任天笑因此名声大震。他更得意了，下课时他无论走到哪个同学的座位边，不管大家是否愿听，总爱哼上几句，巴不得大家称他是"小小词作家"呢。

嗨，任天笑真会搞笑，他的故事三天三夜也说不完，他真是我们的"乐罐子"。

同类习作指导

小朋友，读了老师的评点和修改，你是不是有所启发呢？

修改后的《我的搞笑同学》是不是读起来，感觉所写人物的个性特点更鲜明、更立体？给你的印象更深刻呢？

为什么会有这样的不同呢？

写自己熟悉的同学，要找出他与众不同之处，突出"特点"，重点描写他在做事过程中的音容笑貌、举止动作。需要注意的是，所写的人物动作、神态，一定要符合人物当时的状态，突出主题。一些独特的细节要充分展开，使人读来有如身临其境，产生共鸣。

比如，就上面《我的搞笑同学》来说，老师修改后，突出了哪些东西呢？

描写同学生气时的样子要展开想象，给人一种鲜明的印象，老师加了一个比喻句："活像一头发怒的小狮子。"你看，这样就形象多了。

描写一个人的活动，要与周围人的表现结合起来，可以丰富场面，反衬人物性格，任天笑同学生气走后，其他同学的表现怎样，老师补充了一些词句：大家觉得既意外又好笑，就故意不去追他，偷偷地憋住笑望着他。

从"赌气走"到"转身来"，这个细节富有情趣，体现人物神情变化，这个转变过程的细节要展开描写，原文忽略了，老师将它补充明白了。"他挠挠后脑勺，好像在打什么主意，胖胖的身子故意左右摇摆着。不久，身子慢慢转回来了。"

当写到"改歌词"任天笑表现时，原文过于简略，老师加了一些词句，"他边唱边做着各种夸张的搞笑动作：一会儿摇头晃脑，一会儿手舞足蹈；声音忽高忽低，有时响如洪钟，有时低如细语，有时还跑调……把同学和老师逗得捧腹大笑。"这些写的是什么？有什么作用？写的是人物的表情、动作，这样可以突出他作为"主持人"的活泼性格和搞笑特点。选用恰当的动词，把人物写得形象、生动。读起来是不是更让人身临其境，有如见其人之感？

为充分突出任天笑同学的"搞笑"特点，老师这样加了"他无论走到哪个同学的座位边，不管大家是否愿听，总爱哼上几句。"也是更好地通过动作描写突出他的张扬个性。

这样是不是多角度、多方位把这位同学写"活"了？

(此文发表于《小学生作文辅导》2011 年第 4 期)

我们班"星光闪烁"

习作精评

★习作题目解析

小朋友，班级中你最熟悉的同学是谁？他（她）有什么鲜明的特点和别样的故事在你心中留下深刻的印象？

"我们班星光闪烁"这个题目，新颖别致，引人眼目。"星光闪烁"这个关键词语，既要写明班级同学鲜明的个性特点，更要体现特点背后的故事，同时体现这样的同学不是一个、两个，而是很多。审清了题目，就等于把握住了文章的重点。

对了，要写出同学们与众不同的特色，你可以采用小标题的形式，从不同角度有所重点的描写同学们的长相，学习生活及与他们相处期间的难忘事件，在入微的描写中表达自己独特的感受。这一切都要写清楚，这样文章就有条有理、有详有略了。

下面，我们首先来看车佳禾小朋友是怎么写的。

习作点评

我们班"星光闪烁"

车佳禾

我们班同学多才多艺，如同天幕中一颗颗闪烁的星星，不停地闪烁[?]着智慧的光芒。

批注[U14]：这里的"闪烁"应该改成"闪耀"，既可以避免重复，还使语言更准确。

一号人物：学习之星

她是我们班的学习之星，在优秀学习榜上，如同一棵"常青树"，但你不会想到她竟长的如此普通。[?]她就是晓璐。她是一个很文静的女生，不太说话，但当你仔细观察时，就会发现，她总会微笑着向走过的同学点点头。[?]上课时她始终坐得最端正，注意力最集中，总是目不转睛地盯着讲台上的老师，[?]也许这就是她成为"学霸"的"秘诀"吧！

批注[U15]：如何"普通"呢？必须有个简单的交代，给人印象鲜明。

批注[U16]："文静的事例"与"学习之星"特点没有什么关系，选材要与中心密切相关哦。

批注[U17]：仅仅写上课事例显得略单薄，平时这位同学又是如何学习的呢？把典型细节写具体，人物特点就鲜明了。

二号人物：疾驰之星

她是我们班的疾驰之星，乌黑的短发，一米四左右的个子。[?]也许你要惊叹了，这么矮的女生怎能"疾驰"？听好了，50米短跑上，她曾获得过冠军。再看她的跑步姿势就是与众不同，[?]两只小手拼命地摆动，双腿像是转动的风车，只见她飞也似的冲向终点，一阵长风呼啸而过，[?]远远超过"高大威猛"的男生。

批注[U18]：这位女生长得怎么样？写出特点。

批注[U19]：每个人都有独特的跑步姿势，仔细观察"疾驰之星"的姿势，把细节描写更具体些，可以如闻其声如见其人，深化特点。

批注[U20]：用对比的手法进一步一步衬托出"疾驰之星"特点，给人印象深刻。

三号人物：多面之星

[?]瞧！那个梳着马尾辫、脸上充满自信的女生就是我们班的多面之星黄铱铱。她是我们班的班长，也是学校的大队长。她从小爱好跳舞，小时候跳拉丁舞，现在已经在跳"爵士"了，还到香港参加过比赛呢！钢琴考出八级，而小提琴也拉得出色。学校"现代小绅士、小淑女"开幕式上她的演奏真精彩，行云流水般的音乐如微风、似暖阳，快把大家陶醉了。她代表学校到市里参加比赛，捧回了大奖。她唱歌也好，胆子很大，流行歌曲、经典名曲样样精通。那么多的特长，难得的聚集在她一个人身上，使她成为一颗"耀眼之星"，走到哪里，都有人崇拜！[?]

批注[U21]："多面"这个词的内涵应该稍做说明，那么后面的文句意思就清楚明白了。

批注[U22]：这位同学多才多艺，的确是一颗"耀眼之星"，概括凝练，结构紧凑，与题呼应。

四号人物：创造之星

我们班有个"赵马陈组合"，虽说是男生，可是偏爱语文。他们喜欢写书，写"现代版"历史书[?]《三国演义》《虫侠之旅》《三王争霸》都是他们的"代表作"，我们女生也看过他们写的著作，里面有些还是古文，语句工整，让我们惊叹不已！他们就是陈小吉、赵杰和马家俊。[?]有一次，我在看陈小吉的作品，我成了书中的"三王之一"。[?]我暗暗下决心，以后也要把他们三个写进我的大作中。

瞧！我们班的同学个个身怀绝技。[?]仰首展望未来，相信在那美丽的星空中，一定会有我们班这些星星们的专属空间。[?]

批注[U23]：缺少标点，否则句子不通，文意不达。

批注[U24]：这处与下文衔接显得太突然，小作者为什么会成为书中人物？应该巧妙衔接起来。

批注[U25]：把班级同学编进故事真有意思，何况小作者亲自读到了这则情节，那么你的心情是怎样呢？不可一笔带过，要反衬出"创作之星"的创意无穷呢！

批注[U26]：其余同学怎么样，应该简单介绍。

批注[U27]：首尾呼应，结尾简洁有力，点明中心。

总评：这位小朋友写了自己班级里富有鲜明特点的几位同学，用小标题形式抓住同学的特点，描写了一些特定的情景和事例，而且突出了在相处过程中自己的情感体验、心情变化，读来新鲜有趣，洋溢着对同学的赞美、佩服之情。但是，小作者在一些独特、关键的细节处，缺少必要的渲染，句子的连接处缺乏巧妙的衔接。怎样让习作更完美呢？

请看看老师修改后的文章。

修改后的习作

我们班同学多才多艺，如同天幕中一颗颗闪烁的星星，不停地闪耀着智慧的光芒。

一号人物：学习之星

她是我们班的学习之星，在优秀学习榜上，如同一棵"常青树"，但你不会想到她竟长的如此普通。她小小的眼睛，略黑的皮肤，一副硕大的眼镜架在鼻梁上——她就是晓璐。她是一个很文静的女生，不太说话，似乎总在思考问题，但当你仔细观察时，你常会发现，她总会微笑着拿起笔在纸上写着什么，或许是一句得意的灵感流露，或许是一道难题的最后答案。上课时她始终坐得

最端正，注意力最集中，总是目不转睛地盯着讲台上的老师，下课时经常看到她跟在老师后面问问题的情景，也许这就是她成为"学霸"的"秘诀"吧！

二号人物：疾驰之星

她是我们班的疾驰之星，乌黑的短发，一米四左右的个子。也许你要惊叹了，这么矮的女生怎能"疾驰"？听好了，50米短跑上，她曾获得过冠军。再看她的跑步姿势就是与众不同，两只小手拼命地摆动，双腿像是转动的风车，头发都竖着飘在了头顶，嘴巴紧紧地闭着，头高扬着，真是"风姿飒爽"啊！只见她飞似的冲向终点，一阵长风呼啸而过，远远超过"高大威猛"的男生。

三号人物：多面之星

"多面"可不是"两面派"，而是指兴趣广泛，多才多艺。瞧！那个梳着马尾辫，脸上充满自信的女生就是我们班的多面之星黄铱铱。她是我们班的班长，也是我们学校的大队长。从小爱好跳舞，小时候跳拉丁舞，现在跳"爵士"了，还到香港参加过比赛呢！钢琴考出八级，而小提琴也拉得出色。学校"现代小绅士、小淑女"开幕式上她的演奏真精彩，行云流水般的音乐如微风、似暖阳，快把大家陶醉了。她代表学校到市里参加比赛，捧回了大奖。她唱歌也好，胆子很大，流行歌曲、经典名曲样样精通。那么多的特长，难得的聚集在她一个人身上，使她成为一颗"耀眼之星"，走到哪里，都有人崇拜！

四号人物：创造之星

我们班有个"赵马陈组合"，虽说是男生，可是偏爱语文。他们喜欢写书，写"现代版"历史书。《三国演义》《虫侠之旅》《三王争霸》都是他们的"代表作"。我们女生也看过他们写的著作，里面有些还是古文，语句工整，让我们惊叹不已！他们就是陈小吉、赵杰和马家俊。更有趣的是，他们还把班级里的同学编进故事，随意地"指挥"着大家。有一次，我在看陈小吉的作品，我成了书中的"三王之一"。曲折的情节，动人的描写映入眼帘，让我又惊又喜。我暗暗下决心，以后也要把他们三个写进我的大作中。

瞧！我们班的同学个个身怀绝技，还有"阅读之星""幽默之星"等等。仰首展望未来，相信在那美丽的星空中，一定会有我们班这些星星们的专属空间。

同类习作指导

要在一篇作文中突出多位同学的特点，宜采用小标题形式择其重点描写他（她）的音容笑貌，举止动作。需要注意的是，所写的人物动作、神态一定要符合人物特点，突出主题。一些独特的细节要充分展开，写出来的文章才会视角独特，情趣浓浓，使人读来如身临其境，产生共鸣。

比如，就上面作文来说，老师修改后，突出了哪些东西呢？希望给同学们带来一些启发。

1.标题醒目，特色鲜明

小标题将文章分成几个部分，结构整齐，段落分明。每个部分就像电影镜头一样，给读者更深的视觉冲击，吸引大家阅读。文中描写了多位同学的特点，用凝炼的语言进行概括，"学习之星""疾驰之星""创造之星"等醒人眼目。当然，内容要与各自小标题巧妙匹配，有时要做必要的提示，如"多面之星"这个标题，一看，可能会产生歧义，所以老师补充了"多面可不是两面派，而是指兴趣广泛，多才多艺。"让大家对小标题的含义更加清楚明白，更加突出这位同学多才多艺的特点。

2.特色场景，细致描写

写同学特点，一定要通过特定场景描写来表现，才会让人印象深刻。如写爱学习的同学：她是一个很文静的女生，不太说话，似乎总在思考问题。这样写还不是很明白，老师进一步补充了细节"但当你仔细观察时，你常会发现，她总会微笑着拿起笔在纸上写着什么，或许是一句得意的灵感流露，或许是一道难题的最后答案。"同样"疾驰之星"的跑步姿势是文中重点所在，这一特定场景就不可忽略过去，"两只小手拼命地摆动，双腿像是转动的风车，头发都竖着飘在了头顶……真是'风姿飒爽'啊！"你看，老师修改的部分，很好地再现了某位同学独有的场景特写。要使动人的场景，鲜活的形象展现在我们眼前，一是要有合理的观察与想象，二要进行细节描写，让读者受到感染，就会起到突出特点、点明中心的效果。当然在表达时，段落之间要层次清晰，过渡自然。

3.侧面烘托，深化特点

描写一个人的活动，要与自己的感受，周围人的表现结合起来，可以丰富场面，丰富人物性格。写"创造之星"有一处描写：有一次，我在看陈小吉的

作品，我成了书中的"三王之一"。曲折的情节，动人的描写映入眼帘，让我又惊又喜。我暗暗下决心，以后也要把他们三个写进我的大作中。既总结前面的创新事件新颖别致，又使同学的"创新"特点尽情展现。我们称赞某个同学，要把自己喜爱的感情，融在字里行间。如：那么多的特长，难得聚集在她一个人身上，使她成为一颗"耀眼之星"，走到哪里，都有人崇拜！让读者一读文字，就能感受到作者对同学的敬佩之情。有时候还可以用简洁的语句直抒感情：仰首展望未来，相信在那美丽的星空中，一定会有我们班这些星星们的专属空间。

这样表达既符合当时小作者的心情，又一次点明主题。

总之，我们只要抓住同学的特点来描写，并且将特定情节和自己的感情融进重点细节描写之中，就一定会写出角度独特，百读不厌的好文章。

（此文发表于《小学生作文辅导》2014 年第 6 期）

主 题 **2**　　感受家庭生活

我的家　我的爱

素材开拓

　　家，一个多么熟悉的字眼；家，一个多么温馨的场所。它是与自己至亲至爱的人组成的一个集体。美好、幸福、快乐的家庭生活像个万花筒，朝着阳光就能转出一个个绚丽多彩的回忆。当然，它可以是一种家庭成员共有的爱好，可以是一家人独享的一件趣事，也可以是曾经经历的一个家庭故事……它代表着一种体验，一份记忆。慢慢独享它，品味它，会给你带来一种别样的感觉。

关心时事　全家最爱

　　忙碌中的驿站，风雨中的港湾，你的家也是这样一个和睦与温暖的地方吧！很多家庭都有观看"新闻联播"的习惯，可是这一家子还有点不一样，那就是别具一格的固定节目"新闻讨论30分"。傍晚7：30分，当他和爸爸妈妈看完"新闻联播"节目后，讨论大会正式开始了。从7：30到8：00他们都会针对新闻中播放的大事儿亮观点，摆看法，提建议。短短的30分钟里一家三口引经据典、口若悬河。因此，同学们都夸他是"新闻小灵通"呢！光谈还不够，他还买了一个漂亮的笔记本，和爸爸妈妈一起整理出了"世界大事风云录"。把每天听到、看到的世界或国家的大事全都分门别类地记在"风云录"上。随着时间的推移，有些大事也许早已被人们渐渐忘却，可他家的"风云录"记录着"和平展望""环保之行""身边点滴"等板块，永远留下了这些事情的始末足迹，成为历史的见证。

　　你瞧，通过描写，把全家人共同的兴趣爱好勾画出来了，"新闻讨论30分"真好，它构成了一个小小的平台，使全家都在自觉地关心着家乡，关注着祖国，关注着世界！在这一过程中，家庭成员之间进行语言的交流，心灵的沟

通，使一家人更加和睦幸福了。通过这样独特事件的描写，就是一篇与众不同的家庭生活好文章呢！

小小趣事　甜蜜心间

每个幸福的家庭都一样，都有不经意间的一粒粒幸福种子埋藏在心底，慢慢滋养成长，最后绽放出最动人的花朵。这些小种子会留在你们小小的心灵里面，每每回忆起来，感觉特别的甜蜜，这份欢乐的记忆是长久深藏心底，还是一吐为快？

在成长中，父母总是伴随我们身边，有时，父母也会像小孩一样做一次不寻常的趣事。一位小朋友妈妈的生日到了，爸爸决定庆祝一下，他觉得吃蛋糕太老套了，决定采用一级方程式赛车比赛获奖后喷香槟的方法。等香槟酒买回来之后，一看，酒瓶远比想象的要大得多，瓶身有碗口粗细。瓶口收得很紧，金色的包装非常华丽。打开瓶口包装居然有几条铁丝紧紧地绑着瓶盖。爸爸拿着瓶子犹豫了一下，然后转身去拿钳子把铁丝剪断，爸爸让家人退到安全距离之外，据说瓶盖儿会自己飞起来。一家人在一边等了好一会儿还不见动静。爸爸好像很在行地说："这玩意儿好像得摇摇。"说着就晃了几下，可是酒瓶盖依然纹丝不动。这时小朋友和妈妈面面相觑的表情好像激怒了爸爸，他拿着酒瓶一顿捣蒜式地狂摇，只听"嘭"的一声巨响，金黄色的酒液冒着气泡飞向房顶，瓶盖早已不知去向，大部分酒液顺着爸爸的头顶往下流。酒瓶中只剩下可怜的一点点酒。爸爸苦笑着说："祝夫人生日快乐！"

多么有趣的场景，多么幸福的瞬间。你瞧，通过动作描写，场景描写，把当时爸爸精彩的窘态细节生动传神地勾画出来了，给读者以身临其境之感，让人忍俊不禁。点点滴滴深藏心间的真切回忆如流水一般流进文字，凝成甜蜜，也感染着读者。正是我们的欢声笑语成了这坚不可摧的家庭堡垒！藏着幸福趣事的心境像闪烁的星空，装点着童年的记忆。

家庭竞技　别样欢乐

"家"是一个心灵的港湾，家庭生活多姿多彩，每个人都有自己与众不同的生活，有酸有甜，多滋多味。有些家庭生活虽然很平常，但是趣事却连绵不断，把生活调得有滋有味。就像是吃进嘴里的巧克力，虽然化了，却还有一股香香醇醇的味道，令人回味无穷！

瞧瞧，有一位同学，不让爸爸在家里有太多的优越感，他和妈妈筹划了"家庭一分钟跳绳"比赛。比赛开始了，母子俩分别先跳，一根跳绳，在他和妈妈的手里飞得只听见风声，看不见人。不用说，这位同学和妈妈都取得了不错的成绩。但是轮到爸爸了，爸爸却说什么都不愿意参加比赛！这可不行，家庭比赛三缺一，还显什么团结，成什么体统？再说了，只有冠军亚军也没什么味道。这位同学就直戳爸爸的喜欢睡觉的软肋——威胁道："爸爸，如果你不参加比赛的话，你每天就要凌晨5点起床做早饭。"爸爸一听，服了他们，立马同意参赛。爸爸刚开始跳绳的动作十分的滑稽，才跳了两下，甩绳的双手节奏和跳动的双脚节奏不协调，甩得过快、过猛，跳得过高、过慢，那绳子就不见头也不见尾，全缠在了爸爸身上。见平时挺干练的爸爸跳绳却显得这么笨拙，他和妈妈捧腹大笑。看着爸爸一脸的尴尬，他郑重地对爸爸说："爸爸别急，我们才三个人参赛，最后一名也有奖。"爸爸一听，脸上来个多云转晴，"嗬嗬嗬"地笑得格外开心。小小竞技，它伴随着你们的成长，带着丝丝缕缕的情感，在美好和谐的家庭中，它带给你欢笑、窃喜；留下的都是一份独特的回忆和体验。捕捉爸爸跳绳子时"笨拙"的形象，融入自己的感受，怀着真切的心情，你可以把家庭中发生的小事写得摇曳多姿，让人赞叹不已。

小小计谋　深藏爱心

在家庭生活中，总会发生各种各样的事情。如果你巧设心机，一个小小的计谋，就可以化解一些小矛盾，体现着你对家人的关心。心中揣怀着这样的小打算，如同怀着一份甜蜜的希望。

酒是好东西，可喝多了会伤身体，做错事，说错话。为了劝爸爸少喝酒，一位同学动脑筋，想出了一个好计谋。他悄悄地实施着，偷偷地记录着：

为了阻止爸爸喝酒，我决定用黑酒店的伎俩——掺水。记得爸爸第一次饮我制造的酒，说妈妈买的是假酒。妈妈自然理直气壮："我是从华联买的，不可能！"那晚，老爸喝了半瓶多白酒，可还是醉意全无。他谈笑风生，吹嘘着自己的酒量。

久之，妈妈也知道了我的秘密。于是，我们一唱一和，夸**爸爸酒量渐长**、脸没红、厉害。老爸时常大乐，并没有发现这假冒伪劣产品。这时每每我提什么他都会答应。

日复一日，月复一月，爸爸就这样喝着我制造的"好酒"。这就是我的秘密。时光很快消逝，我希望我的秘密伴随着爸爸度过每一个欢乐、平安的春夏秋冬。

多有爱心的小计谋呀！小作者把小计谋的实施经过写得一波三折，字里行间体现着对爸爸深深的爱。一家人其乐融融，小计谋发挥着重要的作用呢。你的记忆相册中是否也珍藏着对家人关爱的小计谋？说出来，你的童年的回忆也会流光溢彩。感受家庭成员的互相关爱，抒发自己的独特感悟，让它成为你记忆相册中精彩的一页吧。

美好的家庭生活就如浪花般美丽，又如一帧帧照片留在了彼此的心间，成为我们快乐的回望。家，它的身影会在无形中伴随你、推动你，伴你走向向往的春天，在你我的心里流淌出春天的音乐。

[例文]

下厨的乐趣

今天，我在厨房内小试身手，不但做出了一盘盘令人垂涎欲滴的菜，更感受到了其中的浓浓乐趣。

我从冰箱里拿出一个鸡蛋，开始了我的拿手好戏——打水波蛋。我把蛋一磕，可是蛋黄与蛋白却像婴儿不想离开母亲温暖的怀抱一样，不肯出来，我使劲再一抖，蛋黄、蛋白这才乖乖进入了碗里。我抽出一双筷子，在蛋黄中使劲搅拌，将蛋黄与蛋白均匀混合。蛋黄、蛋白就像舞蹈演员，不住地旋转。黄、白色彩不停在我眼前交替，我像在欣赏一幅动态的太极图。等颜色搅拌均匀后，我在碗里加入水，再搅拌几下，不断旋转的水波蛋中心点就像一朵盛开的淡黄色的杜鹃花一样。我欣赏了一会儿，待它平静之后，我

小心翼翼加入适量的酱油、盐、拿筷子搅拌一下，便大功告成了。我相信蒸好的蛋肯定是美味的。

接下来是"千刀肉"。我拿出一块干净的瘦猪肉，放在毡板上，用刀切成一小块一小块的，再把它们堆在一起，用刀使劲剁。横剁、竖剁、劲剁、轻剁、快剁、慢剁……各种剁法数不胜数。越来越碎、越来越细……就像细胞分裂一样神奇无比，以几何倍级的速度分化着……我越发得意，还创造出一个新招：闭眼剁。我闭上眼，从左到右，从右到左，一刀一刀排列着细剁，在肉上剁成了一个个"井"字。我睁开眼，又创造出"跳舞剁肉"。我像一个演员一样，边"跳舞"边剁，还不时转几圈身子，剁肉过程中，我很快乐，因为我将枯燥的劳动变成了有创意的活动。我将剁好的猪肉放入盘子，浇上香油，放入蒸锅。

我在做菜时，妈妈在客厅放音乐，一缕缕悠扬的乐曲飘进厨房，我干得更欢了。我想：在厨房里有许多乐趣呢！不过这要靠自己的创意。下厨房真好！

(徐晨琦)

妈妈的爱

晚饭后，卧室里一个弓着背的身影还在努力地与作业"对恃"。升入六年级，作业无形中增多了。望着如小山堆的作业，我无奈地叹了口气，甩甩笔尖，枯竭的笔芯再也挤不出一滴墨了。麻利地抽出一支新笔芯，换好，这已经是这星期换的第几支笔芯了，我也记不住了。

大脑机械地与数学阿波罗大难题"厮杀"着。不巧，卧室外又传来了熟悉而沉重的脚步声，刚理出的思绪也被"扼杀"在了脑海中。我再也忍不住了，"啪"的一声把笔丢在桌子上，起身打开卧室门，朝门外的妈妈不耐烦地吼了一句："你能别走来走去么！害得我都写不成作业了！"面对我突如其来的吼叫，妈妈显然有些不知所措了，顿时愣在了原地。我全然不顾妈妈的心情，又"嘭"的一声关上了门。卧室内外一片寂静……

我心中有些暗喜，终于达到我想要的学习效果，可以安静地学习了。我重新拿起笔，奋笔疾书……

不久，卧室外又传来了脚步声，我刚要发作，就听见妈妈在门外轻轻地说："钰钰，你安心学习，妈妈下楼散步打发打发时间。"接着就听见钥匙声和妈妈关门的声音。她关门关得很轻，很轻，轻得仿佛世界在此刻静了下来……

母亲离开了家里，当时我非但没有一丝愧疚，反而有些求之不得。快速调整思路，又开始"奋战"。经过一番激烈的"战斗"，小山堆般的作业终于被夷为平地。我长舒了一口气，慵懒地扑倒在软软的床上，拿起手机，插上耳机，悠闲地听起了歌……

几首歌听完，时针已经指向了"9"，"天啊，都这么晚了！"我惊呼道。以最快的速度整理好书包后，我犯起了迷糊，妈妈怎么还没回来？而且天这么冷，为什么出去散步啊？真奇怪！

更奇怪的是，自打那天后，妈妈开始天天下楼散步，风雨无阻，这似乎已经成了一种习惯。我不禁疑惑起来，好奇地问妈妈，她却一脸轻松地说："散步多好呀！既能打发时间又能锻炼身体。"可妈妈看似轻松的话语却在我心中荡起了一圈圈涟漪，而这涟漪在我心中荡得越来越大。我不禁打心底问自己：我是不是真的做错了什么？

一个星期六的晚上，天下着雨，虽然不算大，但却十分密集，我劝妈妈别出去散步了，可妈妈却对我莞尔一笑，说："这么小的雨，打把伞就可以了，我出去散步习惯了，在家里闲不住。"说完，她便拿起伞，朝门外走去……

我打开窗户，看着妈妈撑着雨伞落寞的身影越走越远，猛然间，我的心底深处抽痛了一下，就好像是被人狠狠地拧了一下，疼得钻心。妈妈风雨无阻地下楼散步，不就是为了能让我安心学习？她多年来这么细心地照料我，到头来却只换得我一声吼。妈妈的心想必也被我伤了吧……我的心中五味杂陈，眼眶里酸酸的，雨丝飘进窗子里，打在脸上，冰凉冰凉的，泪水和雨水混在一起，分不清了……

（陈　钰）

（此文发表于《作文素材》2012 年第 10 期）

独自在家的时候

习作精评

习作题目解析

　　小朋友，看到"独自在家的时候"这个题目，你觉得这篇习作主要是写什么？应该重点写什么？怎样才能写得生动、具体呢？

　　显然，看这个题目，这篇文章是记事的，而且是自己亲身经历的事。记事，要紧紧围绕事情中某一个情节或场面来写。

　　整个活动中，什么是重点呢？当然是"独自"这个中心词喽。怎样才能写清楚"独自"在家的情景呢？那肯定是要写清楚在家时干了些什么？在这个特定环境下有什么特别的心情？

　　下面，我们首先来看徐晨琦小朋友是怎么写的。

习作点评

独自在家的时候

徐晨琦

　　暑假里的一天，爸爸去上班，妈妈要去学校值班，家里只剩下我一人，我高兴极了！[？]

> 批注[U27]：家里只有你一个人，为什么高兴？应该有个简单的交代。

爸爸妈妈将单元门关上后，家里一下子安静了许多。我马上跑到窗户边间谍般地[?]观察了一番。哈！车子开走了！我的自由时间开始了！我连忙跑进书房，拉上窗帘，关上门，打开电脑，准备玩最心爱的游戏。[?]啊！幸福之光终于来临了！[?]直到游戏开始的时候，我激动的心情才慢慢平静下来。我边玩电脑边[?]派我的"千里耳"听周围动静，生怕爸爸妈妈突然返回[?]来。几分钟过去了，[?]周围没有一点声音，只有游戏里面那优美的伴奏声，我放心了，迅速投入到紧张的游戏中。在这个虚幻的游戏世界里，我如同一位威武的统帅"指挥"着[美国]。随着时间慢慢推移，我创建的美国已蒸蒸日上，成了一个强大国家。可是，好景不长，我正"指挥"着坦克部队气势汹汹地向敌国进攻时，正玩到紧急关头，响亮的电话声骤然响起。[?]我连忙去门外接电话，慌乱之中，连游戏中的"暂停"键也没按，真该死！我眼睁睁地[?]看着屏幕上坦克一辆一辆被攻破，却无能为力，心急得快蹦出来了！但又不得不用极温柔的语气回答妈妈的问题，让她觉察不出一丝破绽。[?]其实我的腿都抖了好长时间！急死人了！

过了好长好长的时间，这个老长老长的电话才打完。我早已等得不耐烦了，[不由得气急败坏，]一把扔

批注[U29]：加上"悄悄地"一词，就把小作者小心谨慎的样子表现出来了。

批注[U30]："准备玩游戏"时的心情怎样？是紧张还是激动？要写具体，既反映你当时的真切感受，也为下一句"我激动的心情才慢慢平静下来"埋下伏笔、互相照应。

批注[U31]："准备玩游戏"时的心情怎样？是紧张还是激动？要写具体，既反映你当时的真切感受，也为下一句"我激动的心情才慢慢平静下来"埋下伏笔、互相照应。

批注[U32]：很幽默，体现小作者既享受游戏的快乐，又不敢掉以轻心的真切体验。

批注[U33]："返回"与"来"意思重复了，去掉"来"字。

批注[U34]："没有一点声音"与"只有伴奏声音"前后矛盾了。

批注[U35]："美国"只是游戏中的一个特殊名称，应该加引号表示。

批注[U36]：沉浸在游戏中的你，突然听到这阵电话声感觉怎样？犹如什么呢？这处细节很关键，要写出自己真切的心理活动。

批注[U37]：在门外接电话，与屏幕有一定距离，用"看"体现不出距离，用"望"更能反映小作者当时无可奈何的心情。

批注[U38]：小作者注意了口语化，却忽视了文句的简练。这个句子不写上，意思已明确写了，反而显得过于繁复。

批注[U39]："不由得"是不由自主的意思，"气急败坏"可是有意的行为呀，两个形容词叠加在一起，似乎有点别扭。

下[?]电话机，连忙奔向电脑。可为时已晚，我的坦克部队已灰飞烟灭，统统消失了。

我懊恼极了，心想：一支好好的"军队"就被一个电话搞没了，真讨厌！[?]突然想起：还没做作业呢！我一惊，再没心思玩了。我连忙关了电脑，乖乖地做作业。这时，爸爸妈妈回来了。[?]幸亏我有先见之明，要是再迟一点就麻烦了。可妈妈只看了一下鼠标，就发现了破绽，朝我吼："又在玩电脑了！要知道我走之前，可是有"必杀技"的，我在鼠标上放了一根红线。"红线就是证据？我愣住了。

[?]看来，真是"道高一尺，魔高一丈"啊！

批注[U40]：此处"电话机"改为"话筒"。

批注[U41]：心情起落变化太突然，其间小作者有些什么动作呢？这儿应该加一句，使语境连贯，情节丰富。

批注[U42]：这是我的心理活动，应该有所点明，加上"我正庆幸着。"意思就明确了。

批注[U43]：最后以成语作结，突出自己的无奈心情，令人同情，读后回味无穷。

总评：徐晨琦小朋友写了独自在家时"抓住时机玩游戏""临时记起做作业"两个活动，前详后略，对比鲜明。而且通过内心独白、动作、神态及周围环境衬托来反映自己当时心情变化，读来真实可信。但是，正如老师在上面所批注的，小作者在一些关键的细节处，还可以再具体些，读起来，要给人一种感染力。

请看看老师修改后的文章。

修改后的习作

独自在家的时候

暑假里的一天，爸爸去上班，妈妈要去学校值班，家里只剩下我一人，我高兴极了！真是个好机会，我可以痛痛快快、自由自在地玩喽！

爸爸妈妈将单元门关上后，我马上跑到窗户边像间谍一样悄悄地观察了一番。哈！车子开走了！我的自由时间开始了！我连忙跑进书房，拉上窗帘，关上门，打开电脑，准备玩最心爱的游戏。虽然我的心儿"怦怦"直跳，不知是兴奋还是紧张，但在游戏面前，我已顾不上那么多了。

啊！幸福之光终于来临了！直到游戏开始的时候，我激动的心情才慢慢

平静下来。我边玩电脑边派我的"千里耳"听周围动静，生怕爸爸妈妈突然返回。几分钟过去了，周围没有其他声音，只有游戏里面优美的伴奏声，我放心了，迅速投入到紧张的游戏中。

在这个虚幻的游戏世界里，我如同一位威武的统帅"指挥"着"美国"。随着时间慢慢推移，我创建的"美国"已蒸蒸日上，成了一个强大国家。可是，好景不长，我正"指挥"着坦克部队气势汹汹地向敌国进军时，正在紧急关头，响亮的电话声骤然响起，犹如平地一声惊雷，把我吓了一大跳，差点从椅子上弹起来。我猜想准是妈妈来电"巡查"我的活动了，连忙去门外接电话，慌乱之中，连游戏中的"暂停"键也没按，真该死！我眼睁睁地望着屏幕上坦克一辆一辆被攻破，却无能为力，心急得快蹦出来了！但又不得不用极温柔的语气回答妈妈的问题，让她觉察不出一丝破绽。

过了好长好长的时间，这个老长老长的电话才打完。我早已等得不耐烦了，不由得一把扔下话筒，快速奔向电脑，可为时已晚，我的坦克部队已灰飞烟灭，统统消失了。我懊恼极了，心想：一支好好的"军队"就被一个电话搞没了，真讨厌！我呆呆地坐着，不知如何是好。突然想起：还没做作业呢！我一惊，再没心思玩了。我急忙关了电脑，乖乖地做作业。这时，爸爸妈妈回来了。"幸亏我有先见之明，要是再迟一点就麻烦了。"我正庆幸着。可妈妈只看了一下鼠标，就发现了破绽，朝我吼："又在玩电脑了！要知道我走之前，可是有'必杀技'的，我在鼠标上放了一根红线。"红线就是证据？我愣住了。

看来，真是"道高一尺，魔高一丈"啊！

同类习作指导

小朋友，读了老师的评点和修改，你是不是有所收获呢？

修改后的《独自在家的时候》是不是让你感觉情节更具体，更生动，甚至历历在目，印象深刻呢？

为什么会有这样的不同呢？

一般来说，写自己亲身经历的一些事，最好选择一些独特、有意义，能引起读者心理共鸣的事件。要特别关注事情发展中，自己的情感变化，让那些真实、丰富、变化的心理活动随着所写内容注入字里行间，使文章产生感染力，打动读者。

比如，就上面《独自在家的时候》来说，老师修改后，突出了哪些东西呢？

家里只有你一个人，为什么高兴？应该有个简单的交代。加上了一句：真是个好机会，我可以痛痛快快、自由自在地玩喽！体现小作者当时真实的心理活动，你是不是也有相同的想法呢？

"独自在家，悄悄地玩游戏。"这个情节紧张而刺激，小作者心情变化很丰富，原文忽略了这个变化过程，老师将它补充明白了。"虽然我的心儿'怦怦'直跳，不知是兴奋还是紧张，但在游戏面前，我已顾不上那么多了。啊！幸福之光终于来临了！"这为后一句"直到游戏开始的时候，我激动的心情才慢慢平静下来。"做了铺垫，不会让人有"前无交代、突然冒出"的感觉。

"玩到紧急关头，响亮的电话声骤然响起，"这阵电话铃声在整个事件中起关键作用，是个转折点。老师加了一些词句，"犹如平地一声惊雷，把我吓了一大跳，差点从椅子上弹起来。我猜想准是妈妈来电'巡查'我的活动了"这些写的是什么？有什么作用？写的是人物的神态、心情。这样可以突出小作者享受快乐、自由时光时被"打断"的真实细节，丰富了情节。更自然地引出后面的一系列动作，使文章层次更为立体，更富有感染力。

小作者作文口语化比较强，真实地记录自己的真情实感，富有情趣。但有些多余的字、词、句，与前后句表达的意思重复，老师删去了：其实我的腿都抖了好长时间！急死人了！

"我"的游戏被电话铃声"破坏"了，小作者的心情起落变化很大，为使语境连贯，让读者明白。老师这样加了："我呆呆地坐着，不知如何是好。"也是更好地通过动作描写突出"我"极度失落的心情。这样是不是让"我""独自在家"的情节更真实感人了？

你是不是也有类似的经历，这篇文章是不是引起了很多小读者的共鸣呢？

（此文发表于《小学生作文辅导》2011年第6期）

学做清明饼

习作题目解析

小朋友，看到"学做清明饼"这个题目，是不是觉得有点好奇？其实写的就是一次自己学做一样小食品的体验过程。

这篇文章是记一次动手活动的，我们就要写清楚"学做清明饼"的过程。那整个活动中，什么是重点呢？当然是"做"这个中心词，我们要抓住小作者怎么学做的过程进行具体描写，同时要突出"做"时独特的体验和独到的观察，体现生动性和趣味性。怎样才能把过程写得真实、生动呢？

下面，我们来看徐晨琦小朋友是怎么写的。

习作点评

学做清明饼

徐晨琦

清明节那天，春风拂面，我和妈妈兴致勃勃地去野外采艾草。[？]

进入大自然，放眼望去，一片碧[？]绿。[？]妈妈小心翼翼地开始采艾，我也学着样子，采了一大把，得意[？]地给妈妈看，不料妈妈说："你采错了，这叫'鸭脚青'"。[？]原来如此，我恍然大悟，重新采起来。不一会儿，就采了满满一袋碧绿的艾。

批注[U44]：采艾草是干什么用呢？应该有个交代。

批注[U45]："碧绿"应改用"嫩绿"，符合清明时节大自然万物复苏的特色。

批注[U46]：周围的景物怎样？应该简单描写。

批注[U47]："得意"一词用得好，非常符合小作者此时的心情。

批注[U48]：采错的原因没有写明，最好有简单说明。

[?]一到家，外婆就把艾洗净，在水中煮熟，捞出，沥干，[?]最后切碎，屋子里顿时弥漫着淡淡的清香。外婆把米粉和切得极细极细的艾拌和一起揉。不一会儿，洁白的粉和绿色的艾揉成了翠绿色的艾面团，犹如一大块碧玉，色泽鲜亮。我用手轻轻一按，面团上留下一个绿手印。[?]

我用右手指沾点干面粉，照着外婆的动作，从一大团面团中取下汤圆般的一小团，小心地压成饼状。[?]我夹了一些赤豆沙放入捏好的皮子中间，此时真像一颗赤褐色的珍珠放入一只绿手掌上，真所谓是"掌上明珠"了。[?]

反反复复地看，我越看越喜欢，外婆提醒我该"收口"了。[?]我把它轻轻压扁，就成了饼状。为了使其更美观，更好玩，我用一个模子在上面一印，饼上就出现了一朵月季花，仿佛在为我们绽放。我开心极了，还印出了爱心型、猫形、兔形……我还顺手做了一个清明饺。外婆把这些清明饼放入电饭煲，我开始了等待……

这清明饼好吃吗？大家会夸我做得好吗？正当我浮想联翩时，一大碗热气腾腾的清明饼已放到我面前了。外婆对我说："豆豆，清明饼也叫'亮眼饼'，对眼睛是有好处的哦！"一想到自己的眼睛近视了，[?]看着晶莹透绿的清明饼，我一连吃了好几个，差一点被噎住，大家都哈哈大笑起来。

在这个传统的节日里，我不但学会了做清明饼，而且感受到了一份独特的快乐。

批注[U49]：采摘了艾草的心情如何，描写一下会更好。

批注[U50]：这里的动词和标点体现了外婆动作麻利、熟练。

批注[U51]："一按，留下一个绿手印"体现了艾面团的柔软特点，更突出了小作者的调皮、可爱。外婆见此有什么反应呢？写一写。

批注[U52]：这个过程是做成清明饼的关键，描写还不够具体。一定要好好观察，具体写出动作步骤，如果加点想象就会更加生动哦。

批注[U53]：变成了"绿手掌"写出了形状特点，想象丰富，充满浓浓童趣。

批注[U54]："收口"太快了，"怎么收？"老师加上一句："我学外婆的样子，用手指把皮子四周轻轻提起、捏实，边捏边渐渐合拢，最后用虎口一握，就完全合住了。"

批注[U55]：吃"清明饼"中透出一些风俗，让人耳目一新。

总评：徐晨琦小朋友写了自己一次有趣的家庭动手体验活动，在学做"清明饼"的过程中进行观察、体验、想象，能写清楚过程和心情体验。至于学做过程的细节描写，还可以更加生动形象。如果能突出在"做"中的过程变化和独特体验，那么读起来，我们就会觉得新鲜有趣、印象深刻。

请看看老师修改后的文章。

修改后的习作

学做清明饼

清明节那天，春风拂面，我和妈妈兴致勃勃地去野外采艾草，准备做清明饼。

进入大自然，放眼望去，一片新绿。山坡上的花草在春风吹拂下，随风摇摆，像是在举行欢迎我们的仪式。走在田间小道上，两边的艾草散发出阵阵清香。妈妈小心翼翼地开始采艾，我也学着样子，采了一大把，得意地给妈妈看，不料妈妈说："你采错了，这叫'鸭脚青'。他们长得很相似。你看，艾草反面是浅白色的，而它的两面都是绿的。"原来如此，我恍然大悟，重新采起来。不一会儿，就采了满满一袋碧绿的艾。

走在回家的路上，有艾草散发的阵阵清香相伴，我的脚步特别轻快。一到家，外婆就把艾洗净，在水中煮熟，捞出，沥干，最后切碎，屋子里顿时弥漫着淡淡的清香。外婆把米粉和切得极细极细的艾拌和一起揉，不一会儿，洁白的粉和绿色的艾揉成了翠绿色的艾面团，犹如一大块碧玉，色泽鲜亮。我用手轻轻一按，面团上留下一个绿手印。我正偷偷乐着，想不到外婆没几下又把它揉光滑了。

我用右手指沾点干面粉，照着外婆的动作，从一大团面团中取下汤圆般的一小团，小心地压成饼状，再一点一点地捏按它的四周边缘，使它更薄、更大，还微微向内捏拢，犹如一张精巧的、散发着清香的小荷叶。我夹了一些赤豆沙放入捏好的皮子中间，此时真像一颗赤褐色的珍珠放入一只绿手掌上，真所谓是"掌上明珠"了。

我反反复复地看，越看越喜欢，外婆提醒我该"收口"了。我学外婆的样子，用手指把皮子四周轻轻提起、捏实，边捏边渐渐合拢，最后用虎口一握，

就完全合住了。我把它轻轻压扁，就成了饼状。为了使其更美观，更好玩，我用一个模子在上面一印，饼上就出现了一朵月季花，仿佛在为我们绽放。我开心极了，还印出了爱心形、猫形、兔形……我还顺手做了一个清明饺。外婆把这些清明饼放入电饭煲，我开始了等待……

这清明饼好吃吗？大家会夸我做得好吗？正当我浮想联翩时，一大碗热气腾腾的清明饼已放到我面前了。外婆对我说："豆豆，清明饼也叫'亮眼饼'，对眼睛是有好处的哦！"一想到自己的眼睛近视了，望着晶莹透绿、香气飘逸的清明饼，我一连吃了好几个，差一点被噎住，大家都哈哈大笑起来。

在这个传统的节日里，我不但学会了做清明饼，而且感受到了一份独特的快乐。

同类习作指导

小朋友，读了老师的评点和修改，你是不是有所收获呢？

修改后的《学做清明饼》是不是写得更加生动、具体，趣味十足？咱们读起来，是不是有一种好玩、轻松，甚至想去尝试一番的感觉呢？

在童年生活中，我们会体验各种各样的动手"制作"过程，如学烧饭、学炒菜、学做小制作、学做小食品，这本身就充满一种新奇感和挑战性。但要你把做过的某个过程清楚、生动地写下来，也是不容易的哦，怎样才能写好呢？

一、有详有略，写好过程

在写"学做清明饼"过程中，要有详有略，突出重点。如：一到家，外婆就把艾洗净，在水中烧熟，捞出，沥干，最后切碎。这个过程不是我参与的，是准备工作，所以要简单写。"我用右手指沾点干面粉，照着外婆的动作，从一大团面团中取下汤圆般的一小团，小心地压成饼状。再一点一点地捏按它的四周边缘，使它更薄、更大、还微微向上捏拢，成了一张精巧的、散发清香的小荷叶。"这是小作者亲身参与的，要详细写。老师补充的语句，更加突出了动词的准确运用，展示捏粉团的变化过程，让人读来觉得真实可信。"收口""印图形"等步骤小作者都能写清楚，注意步骤之间要自然衔接，让大家读着文字，顺着思路，身临其境。

二、抓住细节，生动描写

抓住其中精彩的细节，把细节写亮，能让文章具有感染力。本文应该把颜色、形状、手感等细微的内容加以细致的描写。动作描写："我用手指把皮子四周轻轻捏实，边捏边渐渐合拢，最后用虎口一握，就完全合住了。"颜色描写："洁白的粉和绿色的艾揉成了翠绿色的艾面团。犹如一大块碧玉，色泽鲜亮。"形状描写："此时真像一颗赤褐色的珍珠放入一只绿手掌上，真所谓是'掌上明珠'了。"

以上细节描写贴近生活实际，词语运用活灵活现。这些生动的比喻不仅使学做过程变得有趣好玩，更使文章充满童真童趣，是全文一大亮点。

三、融入情感，用心体验

"学做清明饼"不能只写过程，而缺乏情感。作者不把情感注入到文章里，文章又怎能有热情、有光彩呢？当然，写感受也不再只是用几个感叹词而已，感受往往随情节的发展变化自然而然变化着，与情景交融在一起。如："走在回家的路上，有艾草散发的阵阵清香相伴，我的脚步特别轻快。"既连接下文，又体现了小作者此时轻快的心情。又如：我用手轻轻一按，面团上留下一个绿手印，我正偷偷乐着，想不到外婆没几下又把它揉光滑了……饼上就出现了一朵月季花，仿佛在为我们绽放。心理活动真实、自然、丰富，这些语句体现了小作者的调皮、可爱和他的好奇心。变化的情感随着所写的内容注入到字里行间，使文章产生强大的感染力。

可见，经过亲身实践，加上留心观察、用心体验就能够把文章写得生动感人。

（此文发表于《小学生作文辅导》2012 年第 12 期）

童眼看家乡变化

素材开拓

　　家乡，一个多么亲切的字眼，一个多么美好的地方。在时光的荏苒中，你慢慢长大了。家乡也在你的眼中不断地变化着，它变高了、变美了、变欢了。回首过去，展望未来，家乡正以昂扬的姿态、奋发的意气，飞速行进在时代的高速路上。家乡的发展正如一张张色彩斑斓的相片，记录着多元、多季、多彩的变化，折射出人们的美好幸福生活。请用你的眼睛去观察，用心灵去感受这一帧帧一幅幅与众不同的家乡发展长卷。

江畔行品味变化

　　翻开相册的第一页，是家乡曹娥江边喷泉下一张张幸福的笑脸。喷泉的水飞得好高，笼着那稚嫩的童真。

　　你瞧，这里绿树环绕，宛若世外桃源，不仅可以观赏江景，还可以在色彩明艳的健身器材上健身。选个晴朗的下午，任由暖暖的阳光滋润着你，滋润着这个美得独一无二的江滨公园。安闲地散个步，走累了便找个亭子坐下小憩，这是多么惬意的镜头。极目远眺，便是横跨曹娥江的大桥——人民大桥，这座东西贯通的大桥，见证着人们建设家乡的激情与辉煌，见证着我们家乡经济的发展和腾飞。这儿曾是一片毫无用处的江滩荒地，现在哪里还找得着以前的半点影子？

　　一到晚上，温柔宁静的曹娥江在夜色中蜿蜒前进着，映衬着独塔双索斜拉

的人民大桥的倩影，带着"一江两岸"蓝紫色的灯光，显得梦幻与**朦胧**。悠悠十八里景观带，给心灵一次释放，给感情一次陶冶。

用诗情画意的笔触描绘家乡的如画景点，寻觅期间的发展变化。让阳光江畔见证家乡发展的精彩无限，以点带面，意蕴深远。

花伞情福泽伞民

翻着翻着，一张令人记忆犹新的老照片——"花伞似海"赫然在目：小女孩的头顶上举着一把黄艳艳的花边伞，身边比她高出约莫两个头的爸爸举着湛蓝色的绸伞，除了这父女俩，还有大街上的各色行人，无不举着各式各样的花伞。

这充满诗意的瞬间就是以家乡上虞崧厦的"中国伞城"为背景的。在这片神奇的土地上，智慧勤劳的人民心灵手巧，用一针一线缝制了一朵朵可以在骄阳下，雨天里傲然盛开的"鲜花"。从妇女"缝着伞"起步，到一家家作坊有工人组装伞，再到一座座工厂有机器全速运转忙着生产高科技伞……这里体现着时代的变化，劳动方式的更替。伞史悠悠，它撑起了一个产业。多年来，这片雨天下的"花海"，富裕了一方百姓，造福了普天之下的无数撑伞人。

家乡的特色"伞业"是家乡经济发展的"名片"，用特写镜头描写法，给人身临其境的感觉。记录下这些真实的变化细节会使你的文章真实而富有感染力。你还可以拟个不错的题目如《伞中"变出"新世界》《七色伞变幻出的五彩生活》……

新商都风起云涌

身处日新月异的家乡，你就该做个消息灵通的"小灵通"，通过看书、看报，访问身边的老师、长辈了解家乡的"特色"，选取其中一处，在采访、体验等方式中，你会有更多的发现。

一位同学这样写道：热闹繁华的家乡荣获过"中国经济百强县之一""浙东新商都""中国英台之乡"等称号。一个个的荣誉，使家乡更加耀眼夺目。"浙东新商都"的声音已响遍东南沿海。我们的小城，已是大家的小城。一进步行街，"梁祝城雕"美轮美奂，街道两边一番热闹景象。服装店鳞次栉

比，促销声一浪高过一浪，更有城北大通购物中心、万和城购物天堂坐落两端，一站式的消费方式任消费者尽情遨游。

城北真是一个消费圣地。逛累了，你可以去星巴克品杯咖啡，去麦霸吼两声，亦或是看场电影，收获一天的好心情。上虞新商都给予大家的乐趣真是说不尽、道不完。

读着这样的语句，你是否感受到一个现代化的商贸城市浮现在你的脑海中呢？字里行间体现出对家乡变化的自豪之情。选取你自己家乡突出的一处变化带着自己的体验细细描绘，你一定会写出更多的佳作。

仙果游甜美四季

不知从何时起，一个新鲜的名词活跃在了家乡人们的生活中——上虞四季鲜果之旅。随着杭甬高速和杭州湾跨海大桥的建成，"四季鲜果之旅"也蓬蓬勃勃地开展起来。这是个有趣至极的活动，令人神往，好像非得去看看不可。在草长莺飞的春天，这里映衬着樱桃红扑扑的笑脸；在阳光灿烂的夏天，这里散发着葡萄紫莹莹的光亮；在天高气爽的秋天，这里展现出红心猕猴桃的微笑；在白雪皑皑的冬天，这里飘荡着家乡人们爽朗的笑声。从而吸引了杭州、上海等周边城市的几万游客来上虞采摘游玩。我们的小城，四季飘香；我们的小城，四季甜蜜。

在我们的心扉中，家乡变化的一些美好场景好似一段段精彩的电影，也像一群跳动着欢快的音符。怀着美好的心情我们可以把"鲜果游"写得如诗如画，美不胜收，让人读来心生羡慕。

乐生活笑声满城

家乡的变化是丰富和多彩的。清晨，阳光如碎花般洒向大地。健身场所早已热闹非凡了。老太太们在单杠上侧压腿，然后再来段扇子舞。小伙子们则在一边打篮球，正进行得如火如荼，叫喊声，脚步声响成一片。更有小孩子在一旁玩跷跷板，一上一下，不亦乐乎。社区设施日益健全，不仅有健身场所，更有专门为老人设置的老年活动中心。听老人讲那时候的农村啊，老百姓日出而作，日落而息，没有休闲娱乐的地方，偶尔在晒场上放几场电影算是最幸福、最热闹的事情了。

随着生活质量的提高，小城人们的笑脸已成了一朵不败的花，较之阳光更灿烂。听！那有孩童天真无邪的笑声，有青年意气风发的笑声，有老人安适愉快的笑声……

换一个角度试着用笔记录下一帧帧你发现的新意画面，把自己真切的视角写下来。发现变化，品味发现，就可以为平淡的文章画上绚丽的彩虹。

短短的几年时光，人们的生活水平得到了翻天覆地的变化，真是一年一个新面貌，一年一个新气象啊！你的家乡也奇迹般地改变着。挖掘记忆的深处，翻动昔日的老照片，拍摄下一张张鲜亮变化的新照片，用你的童眼找出过去的家乡和现在家乡的变化。让它成为你记忆相册中精彩的一页吧。

[例文]

变化着　快乐着

十年前，我幸运地降生到了上虞一个普通教师家庭，在我稍微懂事时，我记得那时每当晚饭后，爸爸妈妈就会推着我的小摇车或是拉着我的小手沿着凤山路去文化广场散步，或是在我撒娇得不愿走路时，爸爸就让我站在摩托车的前面，他骑着摩托车把我带到广场去玩。

文化广场是我们小孩子的天堂。数不清的小朋友都尽情地在那欢笑着、玩耍着。我发现那里的柱子会发光，地上的彩灯会变色，我总爱用手去摸、用脚去踩，它们隔一段时间就变幻出一种色彩来，我还以为是自己"操纵"出来的呢!往往高兴得手舞足蹈。在春天的时候我还会带上风筝满地跑。在那里留下了我许多欢笑和快乐的回忆。

不知是从哪一天开始，爸爸妈妈带我去玩的地方变了。一天，爸爸开着小轿车

把我和妈妈带到曹娥江边的江堤旁，告诉我，这里就是上虞有名的"十八里景观带"。哦，这里的景色比文化广场好多了，放眼望去有绵长的翠色草坪，有望不到尽头的绿树长廊，还有乡贤名人雕像、"舜会百官"浮雕等等，真是风景如画。爸爸有时给我讲解乡贤名人的故事，有时我们一家人光着脚丫踩在用小石子铺的小道上，那种痒痒的感觉现在想想真是太有趣了。

在不知不觉中，我从一个牙牙学语的小不点变成了小学四年级的少先队员了，我的游乐玩具也由溜冰鞋、活力板替代了小摇车。我的游乐场所也在不断地变化着。现在我们一家去得最多的地方就是上虞城北新区了。每当金秋十月，市民大道两旁银杏金黄，丹桂飘香，沁人心脾，让我们一享大自然的恩赐。在这里我感受到的是全新的现代都市的休闲生活。看，摩天大楼一座座耸起，现代建筑鳞次栉比。晚饭后，和爸爸妈妈牵手走过新世纪住宅小区，只见河两岸绿草如茵，垂柳依依，碧波荡漾，与远处半山上的古塔交相辉映。亭阁掩映，景色宜人，增添了一股浓浓的人文自然风情。经过"时代潮城"，宽敞的广场，流光溢彩的霓虹灯，充满活力的广场舞映入眼帘……大人小孩玩着各自喜爱的休闲活动，明亮的灯光照耀着一张张笑脸，一阵阵欢声笑语在曹娥江畔随风飘荡……

在爸爸妈妈聊天的过程中，我知道了我所生活的这个小城市的发展变化过程。从公共休闲娱乐场地的建设到室内的商业游乐场所的发展，都是在我出生后的这几年中变化发展起来的，她给我们小朋友带来了无限的欢乐和幸福。

上虞，一个现代化的小城市，我为你美好的今天感到骄傲，更期待你光辉的明天！

（黄铱格）

爸爸上电视了

踩着时间的鼓点，我们又共同迎来了一年一度的中秋佳节。中秋节又叫团圆节——天上月儿圆，地上人儿圆。

今天，我们一家子又像往常一样开车去老家——一个小山村。这里的空气真清新，除了金秋时节特有的桂花香，还有各种果实成熟的香味。我深深地呼吸着，情不自禁地说："妈妈，老家真好。"

爷爷奶奶早就在村口迎接了。表兄妹也早到了。我们一起拥进那一座带院子的三层小洋房。爷爷洪亮的嗓门亮开了："开饭喽！"一家人围坐在一起，

满满的一桌子。桌上的菜肴，山珍海味，应有尽有。不知怎么回事，今天，爷爷的脸庞特别红，话也特别多，爸爸则满面春风，好像也有什么喜事。忽然，我的眼瞪得圆圆的，嘴张得大大的，我不敢相信，电视机屏幕上出现了爸爸的身影。只见爸爸穿着西装，打着领带，神采奕奕。他正在接受"浙东新商都"频道的专访，讲述他的创业史。

二十多年前，家家户户都有一只煤饼炉，烧水做饭都离不开它。煤饼炉子不但使用不便，而且还污染环境。于是，爸爸做起了液化石油气生意，向乡亲们介绍使用方便又清洁卫生的"煤气灶"。时间一年年地过去，家乡的变化越来越大，家乡的路宽了，房子高了，人们也越来越爱漂亮了。爸爸的生意也改成了开服装公司。一路走来，爸爸的事业总是跟着家乡的变化转，勤劳与智慧伴他走向了成功。

奶奶戴着老花眼镜，眼睛都舍不得眨一下。爸爸坐在一旁，嘴角那一抹微笑很深很深。妈妈则一脸自豪。电视里爸爸的讲话打开了大家的话匣子，大人都聊起了这二十年家乡面貌的惊人变化，餐桌上笑声盈盈。

我们几个孩子满脸写着兴奋。"爸爸上电视喽！""爸爸上电视喽！"我脆脆的声音，是那么响那么亮。"这二十年，小军从一个山里娃成为公司的总经理，走上电视，了不起啊！"爷爷苍老的声音充满了自豪。

明晃晃的月亮如大玉盘似的挂在天空中，这真是一个难忘的中秋节！

（佚名）

（此文发表于《作文素材》杂志 2013 年第 7 期）

社会大课堂　童年乐悠悠

素材开拓

　　如果课内生活是一朵浪花，那课余生活就是一片海洋；如果课内生活是一棵小草，那课余生活就是一片森林……课余生活如一个奇特的万花筒，折射出你的欢乐和精彩；也许你喜欢在操场上大汗淋淋地打球，让身心尽情舒畅；也许你喜欢用自己的爱心给这个多彩的世界增添一份温暖……不管是那一种课余生活，只要是有益的，都会充实自我，让我们对生活更加的热爱！

奉献爱心　别样欢乐

　　同学们，你们参加过社会实践活动吗？活动中可以展现才华，可以播撒爱心……是你以后走向社会的伏笔。

　　暑假里，我们学校组织了献爱心活动，活动可丰富啦！有的去儿童福利院给那些没有爸爸妈妈的孩子送去食品、饮料，还展示了才艺；有的去敬老院给老人讲故事，送水果……我们班组织了"助力G20，爱心献给您"的活动，同学们的热情可高了！真难忘当时的情景：下午三点半左右，同学们根据约定时间来到新大通门口集合。老师分发给每位同学一顶小电扇帽子，一条红色绶带，外加一个大礼物盒。礼物盒里面有矿泉水、苹果、毛巾等防暑物品，准备送给在大热天值班的交警叔叔和环卫工人。虽然当时天公不作美，下起了倾盆大雨，但也阻止不了我们献爱心的热情，难不倒我们这个充满智慧的团队。在老师的及时应变下，我们将定点爱心与流

动爱心相结合，在家长们的帮助下，我们"进军"交警大队三角站支队。

一位小朋友写道：车行至西站转盘，眼尖的我发现一位环卫工人正冒着风雨，仔细清扫掺杂着落叶的积水路面，多么感人的一幕啊！我让爸爸停车，几乎是跑着过去，为这位可敬的环卫工人送上爱心慰问品。接过爱心慰问品的环卫工人由惊讶转为感动，连声感谢！

我们正是这样，一路行车，一路播撒爱心。当中队二十余位交警与我们同学一同合影留念时，交警叔叔也是感动的，就连老天也被感化似的。雨此时已经停了，太阳在云层后面渐渐露出了笑脸。

回程的路上，我们遇见了正在执勤的交警，遇见了正在站台短暂停留的公交司机。工作中的他们，有着一份别样的美。我们用双手送上爱心慰问品。傍晚的夕阳余晖洒在大家的脸上，一位爸爸用专业的相机及时记录下这个感动时刻，这似乎是太阳公公在为我们的活动点一个大大的赞！

同学们，暑期实践活动，是你们人生路上难忘的一课。用文字记录下来，它将会深深烙进你们幼小的心灵，为你们注入更多爱的力量！

轻松玩耍　享受童趣

玩，是孩子的天性。课余时刻，当然离不开无拘无束的玩耍了。踢毽子、跳房子、转陀螺、吹泡泡……每一样的玩法不同，感受也不一样，但快乐的心情都会久久萦绕心头。

一放学，男孩子总喜欢聚在一起玩一些紧张刺激的竞技游戏，或输或赢，都不重要，重要的是那份别样的体验、那份无穷的回味。看！一位同学拿出陀螺"龙卷风"，而对方也拿出他的陀螺"巨人"一起对战。其他的同学目不转睛围观着，一边看一边助威："加油！加油！"

他们的战斗开始了。两个陀螺飞速旋转，你来我往，让人眼花缭乱，如两只猛虎，战斗异常激烈。突然，陀螺"巨人"轻轻碰到了"龙卷风"的一角，发出"咔咔"的摩擦声，大家的心都提了起来。"巨人"速度一下子慢了下来，勉强转了几圈，忽然像没头的苍蝇连载几个跟头，最后摇摇晃晃地滚出了界限，接着懒洋洋地趴在地上……过了一会儿，两只陀螺又大发威风，边转边发出呼呼的响声，进行新一轮的比拼。玩陀螺，既培养同学们的快速反应能力，又感受到了独有的紧张刺激。

这是一个稍纵即逝的"画面"，进行这样视角独特的观察，就是一次角度新颖的课余生活描写呢。你是否也回忆起了曾经的经历，是否感受到了张弛有度的乐趣？捕捉细节，回忆心动，丰富体验，就能写出更多的佳作。

感受艺术　陶冶情操

紧张的学习生活让你无暇顾及身边一些美好的事物。课余，利用一段闲暇时光，你可以静下心来慢慢欣赏、静静聆听。欣赏一次画展，聆听一场音乐会，阅读一本扣人心弦的好书……其中欣赏音乐是许多同学的选择。暖暖的午后，坐在窗边，望着蔚蓝的天空，听一曲欢快的音乐，心里会觉得十分舒畅。再听一段抒情的音乐，让记忆的涟漪一圈圈荡漾开去，扩散开来，使人心中萌生出一丝遐想和回味。欣赏音乐让舒缓的心随美妙的节奏一起跳动……闭上眼睛，尽情享受。清晨，你可以在床上不受拘束地尽情陶醉在美妙的音乐中；周末，你可以一边在美丽的小路上漫步，一边享受着悠扬的歌曲，那感觉真是妙不可言。

捕捉瞬时的感觉，抒写心灵的颤动。怀着美好的心情我们可以把感受艺术的情景写得如诗如画，美不胜收，让人读来心生羡慕，深受感染。

亲近自然　放飞心灵

上课、复习、考试这样的生活似乎太单调，太乏味了吧。不！在紧张的学习之余，你可以拥有自己的一片蓝天，自己的一块沃土。走进大自然，纵情山水，放飞心灵。你若参加"四季鲜果之旅"，走进大自然，就像是走进了连绵不断的绿色画卷。你瞧！阳光透过树叶缝隙，把星星点点投在林间。一张张比手掌还大的桑叶绿得发亮，仿佛翡翠一般。一粒粒又大又紫的桑果扑入眼帘。你提着篮子跑到一棵桑树旁，挑选了一颗又大又紫的桑果，放入嘴中，那舌尖上的滋味直沁心脾真是妙不可言啊！你抬头看到桑树的最顶端有一颗最紫的桑果，在太阳下，好像紫亮的小球挂在树上，悬在桑叶间，看得你直流口水。突然，你灵机一动：退到稍远处，奋力一跳，攀住一根柔柔的桑树枝条把它弯下来，很多紫莹莹的桑果就乖乖地展现

在你的眼前了。果农们脸上抑制不住地绽放着笑容，因为桑果的丰收，是他们心中最为实在的浪漫。受这紫色的诱惑，你可以去丁宅新农村里兜一圈。洁白的长廊上一幅幅图文并茂的古今美德故事让你流连忘返；那悠久的蚕桑文化，淳朴的民风，真是让人大开眼界。

你若喜欢，就赶紧趁这人间五月天，也来被桑葚的紫色尽情诱惑吧。亲近自然，放飞心灵，美好的心境像晴朗的星空，妆点着童年的记忆。

我们的课余生活是多姿多彩，丰富无比的。绚丽多彩的课余生活，不但调节了同学们的生活，而且增长了知识，培养了审美能力。这样的课余生活，真是妙趣横生，其乐无穷。多么美好的课余生活啊！点点滴滴的真切体验如流水一般淌进心灵。它记录着我们的成长，已成为记忆相册中独一无二的美好一页！

[例文]

我给妈妈"打工"

星期天，红日高挂，虽说是初冬，仍能感受到浓浓的暖意。我闲着没事干，在妈妈汽车旁边走边看，这一看吓一跳：汽车上满是灰尘，像蒙上了一层白白的纱。我突然想到，我们都打扮得清清爽爽的，而汽车每天风里来、雨里去，今天我要给它"美容"一下。

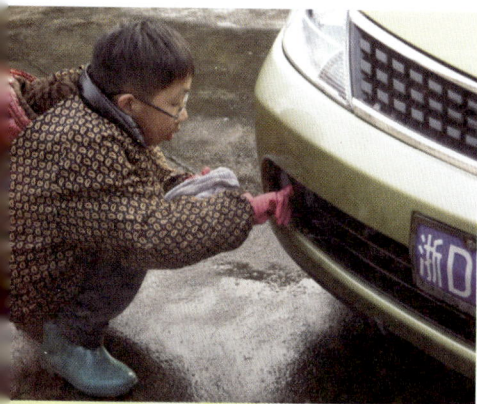

我赶紧找来毛巾、皮管和水桶。并把自己全副武装：手戴防水手套，身穿花围裙，脚穿雨鞋，像个小小洗车工。我拿起皮管，打开开关，水就"哗哗"冲出来，清凉的水流像一只神奇的大手抚摸着汽车的每一个角落，水随我动，我随意地舞动着管子，冲洗着汽车。当冲到汽车灯时，车灯仿佛变亮了一些；当冲到车牌号码时，数字仿佛更加醒目了；当水冲到车门时，水仿佛形成了一道小瀑布。我感到很兴奋，就上上下下冲了个遍。对了，车顶该怎么冲呢？我站上凳子，把水管的口子按住一半，水就像箭一样快速射出，将车顶冲得像镜子一样，能照出人影来。

我刚想休息，却发现车身上还有水滴，有的黑色，有的半透明，车还需要再次"美容"。现在毛巾派上大用场了，我用毛巾反复擦拭水渍。擦干水滴后，我专门向卫生死角下手，特别关注发动机的排气小格子，一格一格擦。不一会儿，毛巾就变黑了。这样清洗数次后，格子呈现出了闪亮的金属色。看着劳动成果，我脚下仿佛踏着一朵幸福的云。我赶紧向妈妈汇报情况，妈妈听后有点不相信，但一看我滑稽的"洗车工"样子，再看看这辆"崭新"的汽车，妈妈明白了一切，开心地表扬了我，说："课余帮妈妈干活，不简单！"妈妈还特意带我去吃牛排，说是给我的"打工"报酬。

这个双休日，对我来说真是美好而又难忘！

（徐晨琦）

南京军训夏令营

去年暑假，妈妈给我参加一个社会实践活动——参加南京军训夏令营。

我心中既高兴又害怕："南京？那里一定很好玩，可是那个南京大屠杀……"正当我左右为难时，妈妈一个劲地鼓励我："难道你不想去旅游吗？既然害怕，那就去克服吧！"那一夜，我兴奋得一夜未眠，竟还发起了38.9度的烧，真是好事多磨。

第二天，贴上退热贴，我背上行李，依然去了。我们的目的地是南京军营部队。"你们好，我是你们的教官"！一下车，一个英俊的教官走上前说。然而我并不知道这是一次严厉的考验。

第二天大清早，教官便吹响了口哨。就像机长听到了指令，船长发现了目标，我们赶紧起身，穿好了衣服，匆匆下了楼。再看我们几个人，个个精神不振，睡意朦胧，有些同学在抱怨："有事没事那么早就被叫了起来。"

"那么你们是想去那里清醒一下吗？"教官撇了撇头，指向了那块石墙。墙上都是石头，按上去理所当然是很疼。我们个个面面相觑，刚才的那种迷糊早已不知飘到哪儿去了。我望了望手表，5:00。

"该吃早饭了！"女教官从屋里走了出来，不知道是真的饿了，还是想摆脱站那里，大家一拥而上。哦不！早饭只有一碗粥，还有几盘凉菜。"爱吃不吃！"教官严厉地说。我无奈地朝女同学那桌看了看。哦不！她们和女教官谈得不亦乐乎呢！哎，认命吧！

下午，更是百般煎熬。太阳火辣辣的，我们进行了列队训练。教官要求很

高，动作不能有一丝的差错。我们只能咬紧牙坚持着。"你们听好了，下午就给你们休息两分钟，马上到这里集合！"我眉开眼笑，匆匆上楼，拆开牛奶，快速地喝了起来。"嘘！"又是一声严厉的"叫唤"。我赶紧把牛奶吸干，嘴里仿佛塞了两个大核桃，跌跌撞撞地下了楼。"你迟到了！现在给我做俯卧撑！"

我不情愿地蹲下来用手去摸地面，好烫！哎，为什么?！不公平!！欺负人家一个可爱的小胖墩！没天理呀！做俯卧撑我明显吃不消，一下子躺在了地上。

"你！小胖子，过去！""恭喜你成为第一个'试用'的人！"女教官和男教官两人一唱一和，女同学也个个幸灾乐祸。"可以解释吗?"我抱着一丝希望问教官。"不行！""那我还是'自首'吧！"我吐了吐舌头，摊了摊手，把手按上了石墙上，痛！

时间过得真慢，仿佛过了一个世纪。终于到了晚上，夜幕降临，一颗颗星星挂在天空上调皮地眨着眼睛。我们各自坐在小凳子上，大家看起了电影。电影没有什么意思，但是大家看得津津有味。我看了教官，他脸上挂起了一丝淡淡的微笑，与他白天的严肃完全不同。

接下来几天，我们都是在紧张的生活节奏中度过。第一次社会实践——军训生活虽然只有短短几天，但在我心中却留下了极为深刻的印象。

（任天笑）

（此文发表于《作文素材》2014 年第 5 期）

有趣的圣诞节庆祝活动

习作精评

习作题目解析

小朋友，你们喜欢圣诞节吗？虽是个洋节，大家肯定很熟悉，特别是商家总是抓住这些节日，烘托气氛，攒聚人气，你参加过这样的活动吗？这个节日里有什么有趣的事件留在你的心间？

一读题目《有趣的圣诞节庆祝活动》，你就明白了所要记叙的内容是一次庆祝活动。这次庆祝是关于圣诞节的，而且是非常"有趣"。所以，你要按一定的顺序写明白这次活动的经过，通过场景描写、细节刻画、心情渲染等来抒发自己对这次圣诞庆祝活动的难忘之情。这一切都要写清楚，这样文章就生动具体了。

下面，我们首先来看程帆扬同学是怎么写的。

习作点评

有趣的圣诞节庆祝活动

程帆扬

今天我走到大润发超市门口，里面传出一阵阵欢笑声和《铃儿响叮铛》的歌声，真是热闹非凡。[?]原来这儿正在为小朋友举行圣诞节庆祝活动呢。

超市[?]门口高大的圣诞树上都挂满了精美的礼物，有可口的零食，有精美的学习用品……[?]人们都很兴

批注[U56]：用"欢笑声和歌声"引出活动，这样的开头吸引读者。

批注[U57]：活动前这里有什么布置，你观察到了吗？应该有所描写，突出圣诞节的热烈气氛和美好场景。

批注[U58]：人们兴奋的心情具体有什么表现呢？应该有所描写。这处不叫一笔带过。

奋。

　　工作人员按事先分发的号码开始抽奖了，我心里激动起来，会抽到什么礼物呢？我希望能得到商家精心准备的礼物。[?]这时，一位胖胖的小朋友走上了抽奖台，[?]他一上台，伸出右手，在盒子里摸来摸去[?]，过了一会儿他郑重地打开一张纸条，大声叫起来："11号！"工作人员马上站起来，快步上前把一个包装漂亮的礼物送给了小朋友，还说了一声祝福，我们都羡慕地望着他俩。

　　终于轮到我了，[?]我一下子跑到抽奖盒边，目不转睛地看[?]着盒子，希望如愿以偿，抽到那个金色的陀螺。我把手伸进去，锁定目标，马上取出一张纸条，打开一看是38号，我大声地喊了出来。工作人员把礼物送给了我，我小心翼翼地把包装打开，原来是一支笔和一张书签，这也是我喜欢的，我乐得合不拢嘴。[?]

　　排着队伍的小朋友一个个轮下去，还没抽奖的小朋友在祈祷着别让大家抽到圣诞树上那个最精美的大礼物，想不到一位年轻的爸爸轮到后抱着孩子打开了那张纸，说："53号！"啊，他抽到了最大最精美的礼物，顿时全场都沸腾了！哈！他真是幸运星。我羡慕的[?]不可形容。

　　这个巧遇上的庆祝活动真是乐趣无穷啊！

　　总评：这是一篇写小作者碰巧遇到超市庆祝圣诞节抽奖活动的文章，描写了周围人和自己如何抽奖得到礼物的过程，伴随着情感体验，体现了人们之间、商家和顾客之间美好的情感联络。小作者在文章描写中重点选了几个抽礼物的情景，材料安排合理，条理非常清楚。但是，小作者在一些关键的细节处描写欠具体，文章的衔接安排不够紧凑，那么如何使文章更生动呢？

　　请看看老师修改后的文章。

批注[U59]："我希望能得到商场精心准备的礼物。"这句既点出小作者激动的原因，又与下文照应。

批注[U60]：抽奖活动很吸引人。第一个小朋友上台了，大家有什么反应呢？

批注[U61]：这部分描写太简单，一定要展开细节，把动作、神态写清楚，推动后面情节的发展。

批注[U62]：幼儿园小朋友与"我"之间有很大的时空距离，中间应穿插略写其他人怎么抽奖的。

批注[U63]："看"改成"盯"更能体现你此时渴望的心情。

批注[U64]：自己是亲身参与者，抽奖后的动作、心情描写很具体，给读者留下鲜明的印象。

批注[U65]："的"正确应该是"得"。

修改后的习作

有趣的圣诞节庆祝活动

今天我走到大润发超市门口，里面传出一阵阵欢笑声和《铃儿响叮铛》的歌声，真是热闹非凡。原来这儿正在为小朋友举行圣诞节庆祝活动呢。

一进门，大厅内一棵美丽的圣诞树就映入眼帘。四周挂满了"圣诞快乐"的别致艺术字挂件，上面缠绕着五彩缤纷的彩带。高大的圣诞树上都挂满了精美的礼物，有可口的零食，有精美的学习、生活用品……小朋友们拉着父母的手蹦蹦跳跳的，翘首以待。

工作人员按事先分发的号码开始抽奖了，我心里激动起来，会抽到什么礼物呢？我希望能得到商家精心准备的礼物。这时，一位胖胖的小朋友走上了抽奖台，他一上台，大家的目光一下子聚焦到他身上。他伸出右手，在盒子里摸来摸去，抓起一张，似乎不满意又放下了，手在盒子里摸索着，好像寻找什么宝贝似的，我们都忍不住笑起来。过了好一会儿，他才下决心似的抓起了一张纸条，他郑重地打开纸条，大声叫起来："11号！"工作人员马上站起来，快步上前把一个包装漂亮的礼物送给了小朋友，还说了一声祝福，我们都羡慕地望着他俩。在欢声笑语中，排队的小朋友按顺序上来抽礼物，一件件礼物伴随着祝福送到了各自手中，周围的年轻父母不时送去一阵阵喝彩声。

终于轮到我了，我一下子跑到抽奖盒边，目不转睛地盯着盒子，希望如愿以偿，抽到那个金色的陀螺。我把手伸进去，锁定目标，马上取出一张纸条，打开一看是38号，我大声地喊了出来。工作人员把礼物送给了我，我小心翼翼地把包装打开，原来是一支笔和一张书签，这也是我喜欢的，我乐得合不拢嘴。

排着队的小朋友一个个轮下去，还没抽奖的小朋友在祈祷着别让大家抽到圣诞树上那个最精美的大礼物，想不到一位年轻的爸爸轮到后抱着孩子打开了那张纸，说："53号！"啊，他抽到了最大最精美的礼物，顿时全场都沸腾

了！哈！他真是幸运星。我羡慕得不可形容。

这个巧遇上的庆祝活动真是乐趣无穷啊！

同类习作指导

小朋友，读了老师的评点和修改，你是不是有所启发呢？写一次活动，必须按照活动的先后顺序，写出活动的开展过程，同时要突出自己在活动中的感受。描写时学会点面结合，让读者具体了解活动的详细情况，获得鲜明的印象。

同学们平时参加过很多活动，那么如何把它写得详略得当、情节起伏，紧紧抓住了读者的心呢？

1.活动顺序，完整叙述

写活动一般按活动的先后顺序写，一般活动分三个部分：活动前、活动中、活动后，这三部分缺一不可。写"活动前"，老师补充了"一进门，大厅内一棵美丽的圣诞树就映入眼帘，四周挂满了'圣诞快乐'的别致艺术字挂件，上面缠绕着五彩缤纷的彩带。"与下面的活动情况互为映衬，突出圣诞节独有的气氛和乐趣。"活动中"是文章的重点部分，要选最精彩、感受最深的地方来写。"一位小朋友抽奖""终于轮到我了""年轻爸爸抱着小孩抽奖"三个场景有序展开，段落之间连接自然，活动中的环境描写与整个活动顺序融合。

2.抓住典型，展开细节

活动要给人留下鲜明的印象，就要对主角进行细节描写。如第一个小朋友抽礼物时，给大家的印象是最深的，所以也就是要详写的部分，老师补充了细节："他伸出右手，在盒子里摸来摸去，抓起一张，似乎不满意又放下了。手在盒子里摸索着，好像寻找什么宝贝似的，我们都忍不住笑起来。过了好一会儿，他才下决心抓起了一张纸条。"把这位小朋友抽礼物时小心谨慎、举棋不定的神态刻画得栩栩如生。小作者自己是参与者，写了亲身体验："我把手伸进去，锁定目标，马上取出一张纸条，打开一看是 38 号，我大声地喊了出来。"年轻爸爸抽到了商家准备的礼物，是个"特别点"，小作者不作正面描写，别具一格地写了周围人的表现……这些典型场景从不同的角度加以描写，鲜明生动，让读者身临其境。

3.点面结合，有详有略

　　一般活动参加的人多，我们没必要把所有的精彩都写下来，可以详写二、三个"点"让主角的活动凸现出来，但活动中的主角写得再好，如果没有配角的映衬，文章就会显得不完美。把这些情况补充上去："在欢声笑语中，排队的小朋友按顺序上来抽礼物，一件件礼物伴随着祝福送到了各自手中，周围的年轻父母不时送去一阵阵喝彩声。"这样的语句对整个活动起到一定的烘托作用，而且使文章有详有略，布局合理。

　　同时，写活动还应与自己的感受结合，活动中的情景是文章的主要部分，而场外的情况，如周围人的反应，自己的感受等都相应而生，如"他一上台，大家的目光一下子聚焦到他身上。""我们羡慕得不可形容。"寥寥几笔使活动内容显得生动、真实，更吸引读者。

　　同学们，你们看，写好活动作文并不难吧？

（此文发表于《小学生作文辅导》2014 年第 1-2 期）

主题 4　　探索自然生活

小鹦鹉，我喜欢你们

习作精评

习作题目解析

小朋友，你最熟悉、喜欢的小动物是什么？它有什么鲜明的特点和别样的故事在你心中留下深刻的印象？

读到"小鹦鹉，我喜欢你们"这个题目，有一个词会跃入你眼帘："喜欢"，文章既要写明小动物与众不同的特点，更要体现自己和它们之间的一种深厚感情。这就是文章的重点所在呀。

对了，要写出小动物与众不同的特色，你要按一定的角度仔细观察小鹦鹉的外形特征，生活习性，描写相处期间的难忘事件，在入微的描写中表达自己独特的感受。这一切都要写清楚，这样文章就有条有理，有形有色了。

下面，我们来看车佳禾小朋友是怎么写的。

习作点评

小鹦鹉，我喜欢你们

车佳禾

　　一天，爸爸妈妈带我去"花鸟市场"，征得他们的同意，我挑选了两只胖乎乎的小虎皮鹦鹉。它们被关在笼子里，[?]我一下子就喜欢上了它们。

　　我把它们的家安顿在了客厅里。每当客厅里电视机开着时，小鸟们就会显得兴奋不已。

> 批注[U66]：关在笼子里的小鹦鹉是什么样呢？应该有所描写，点出初次相见喜欢的原因。

就这样，过了一天又一天。我觉得[？]该给它们取名字了，我想：名字还是取简单一点儿好。我发现它们羽毛颜色截然不同[？]。一只全身黄羽毛，眼睛水灵灵的，像两颗黑钻石。它脸颊上有一小撮白色的羽毛。[？]另一只羽毛是绿色的，就像一个翠绿的小绒球，很有趣。对！就叫小黄[？]和小绿吧！

人们都说"鹦鹉学舌"，我也想让这对鹦鹉会说话。于是，我当起了"老师"。我蹲在小鸟们面前，大声朝它们喊："你好！"[？]

"叽叽喳！""你好！""叽叽喳喳！"[？]

"oh, my lady！"也许它们两个天生不会说话，我不耐烦地想着。

第二天，我又教它们说话，可小鹦鹉们还是"一窍不通"。[？]虽然它们没学会"说话"，但我照样喜欢它们。[？]

[？]小绿的眼睛小小的，它看起来很胆小的样子，其实它可大胆着呢！有一次，我用手指顶了顶它的身子，它可并不像我想象的那样在笼子里东蹦西跳，而是无所谓地立在那儿。[？]我经常在它的小脑袋上挠痒痒，它对着我叫几声，一点也不怕我。

小黄尾巴特长。因为尾巴长，它经常被我"欺负"。

批注[U67]："我觉得"与下一句"我想"主语重复，不够简洁。

批注[U68]：围绕"羽毛颜色截然不同"既写出了两只小鹦鹉各自的特点，同时体现出小作者观察细致，描写角度新颖。

批注[U69]：小作者发现小鹦鹉"脸颊上有一小撮白色的羽毛"这个特点。如果加上想象就会更加形象、鲜明。如"就像一个爱美的小姑娘脸上的彩绘，俏皮而可爱。"

批注[U70]："小黄""小绿"是小作者给小鹦鹉新取的名字，要加上双引号。

批注[U71]：从"取名字"到"当老师"，两部分过渡自然，衔接巧妙。

批注[U72]：这里只有小作者与小鹦鹉的"对话"，显得单调，应该补充当时的场面、小作者的心情，生动地体现"当老师"的过程，才会让人如闻其声、如见其人。

批注[U73]：面对多次教育仍旧"一窍不通"的小鹦鹉，小作者的心情会怎样呢？要体现心情的变化过程。

批注[U74]："喜欢他们"，做了些什么呢？这儿没有具体写明，要展开描写，推动后面情节的发展。

批注[U75]：这里缺少一个过渡，显得突兀。

批注[U76]：要使文章生动，合理的想象不可缺少，"立在那儿"的小鹦鹉仿佛在说什么呢？这处应该有所补充，衬托小作者对鹦鹉的了解、喜欢之情。

我经常抓住它的尾巴玩。它在地上扭着，扭着[?]，可它哪是我的对手，一下子又被我抓回来了，它用小小的眼睛盯着我。看它那副可怜巴巴的样子，我还是心软了，把它小心翼翼[?]地放到鸟笼的立杆上让它休息。

这就是我心爱的小黄和小绿，它们虽然不会说话，可我们之间已经结下了深厚的情谊。

批注[U77]："扭着"这一动作写出了小鹦鹉反抗我"欺负"时的动作。它会怎么"扭"呢？要用生动的语句把真实的场面描写出来，使细节更生动。

批注[U78]：这段看似在"欺负"，实则写出了小作者和小黄"无拘无束的玩乐情景。"小心翼翼"一词更是把"喜欢"的情感淋漓尽致地表达出来了。

总评： 车佳禾小朋友写了自己喜欢的两只小鹦鹉。抓住小鹦鹉的特点，记叙了"给鹦鹉取名字""教鹦鹉学说话""和鹦鹉常玩乐"等情景，而且突出了在相处过程中的情感体验，心情变化，读来新鲜有趣，洋溢着浓浓的喜爱之情。但是，小作者在一些关键的细节处，还可以写得丰富些；在段落的连接处可以更巧妙的过渡。

请看看老师修改后的文章。

修改后的习作

小鹦鹉，我喜欢你们

一天，爸爸妈妈带我去"花鸟市场"，征得他们的同意，我挑选了两只胖乎乎的小虎皮鹦鹉。它们被关在笼子里，有点儿惊慌地看着我叫，两双小眼睛骨碌碌地转着，我一下子就喜欢上了它们。

我把它们的家安顿在了客厅里。每当客厅里电视机开着时，小鸟们就会显得兴奋不已。

就这样，过了一天又一天。该给它们取名字了，我想，名字还是取简单一点儿好。我发现它们羽毛颜色截然不同。一只全身黄羽毛，眼睛水灵灵的，像两颗黑钻石。它脸颊上有一小撮白色的羽毛，就像一个爱美的小姑娘脸上的彩绘，俏皮而有趣。另一只羽毛是绿色的，就像一个翠绿的小绒球，很可爱。对！就取"小黄"和"小绿"吧！我对着它们喊了

几声。它们竟然歪着头瞅瞅我，好像听懂了，真好玩。

人们都说"鹦鹉学舌"，我也想让这对鹦鹉会说话。于是，我当起了"老师"。我蹲在小鸟们面前，大声朝它们喊："你好！"

"叽叽喳！"小鹦鹉对着我大叫。

"你好！"我不甘心地又教了一遍。

"叽叽喳喳！"它们又回应着我。

"oh, my lady！"也许它们两个天生不会说话，我不耐烦地想着。

第二天，我又教它们说话，可小鹦鹉们还是"一窍不通"。无奈之下，我只好放弃了教鹦鹉学话的想法。虽然它们没学会"说话"，但我照样喜欢它们。每天上学前我都要去看看小鹦鹉，加一些食物和水，用手指拨弄拨弄它们漂亮的羽毛，有时用小梳子帮它们梳理凌乱的羽毛，有时用清水擦亮它们有点脏的羽毛……小鹦鹉总是对着我亲热地叫，我真不想离开呢。直到妈妈催我上学了，我才依依不舍地离去。

小绿的眼睛小小的，它看起来很胆小的样子，相处久了，发现它可大胆呢！有一次，我用手指顶了顶它的身子，它可并不像我想象的那样在笼子里东蹦西跳，而是无所谓地立在那儿，好像在说："我才不怕你呢！"我经常在它的小脑袋上挠痒痒，它对着我叫几声，一点也不怕我。

小黄尾巴特长。因为尾巴长，它经常被我"欺负"，我经常抓住它的尾巴玩。它在地上扭着，扭着，一会儿朝东，一会儿朝西，好像在跳"扭扭舞"。不一会它就摆脱了我的手。可它哪是我的对手，一下子又被我抓回来了。它用小小的眼睛盯着我。看它那副可怜巴巴的样子，我还是心软了，把它小心翼翼地放到鸟笼的立杆上让它休息。

这就是我心爱的"小黄"和"小绿"，它们虽然不会说话，可我们之间已经结下了深厚的情谊。

同类习作指导

小动物是人类的好朋友。许多同学不但爱观察小动物，而且还爱养小动物，所以小动物也就十分自然地成为同学们描写的"热点"。但是，怎样才能把描写小动物的作文写好呢？其实写小动物的作文我们不光要用眼睛观察、还要用心去"感知"，使眼中的小动物更加鲜活、灵动。写出来的文章才会视角独特、情趣浓浓。

比如，就上面《小鹦鹉，我喜欢你们》来说，老师修改后，突出了哪些东西呢？希望给同学们带来一些启发。

1.鲜明特点，仔细描绘

描写任何一种小动物，无论是外形样子，还是生活习性，都要细致观察，认真刻画。如："一只全身黄羽毛，眼睛水灵灵的，像两颗黑钻石。它脸颊上有一小撮白色的羽毛，就像一个爱美的小姑娘脸上的彩绘，俏皮而可爱。"这样一描写，小鹦鹉的形象特征在眼前鲜活起来了，特别是老师加上去的比喻部分，新奇有趣，给人印象鲜明。在描写小动物的生活习性时，要注意准确地使用动词，如："它在地上扭着，扭着，一会儿朝东，一会儿朝西，好像在跳'扭扭舞'。不一会，它就摆脱了我的手。"用生动的语言把小鹦鹉的活动描写出来，使特点更生动，形象更鲜明，给人以"状物如在眼"的感觉。

2.动人场景，生动表达

小动物虽然不像人一样会思考，会说话，但是，在与人相处的场景中它们也有自己的"喜怒哀乐"，只有用心感受，才能生动表达。如：我对着它们喊了几声。它们竟然歪着头瞅瞅我，好像听懂了，真好玩。"叽叽喳喳！"小鹦鹉对着我大叫。"你好！"我不甘心地又教了一遍。"叽叽喳喳！"它们又回应着我。我用手指拨弄拨弄它们漂亮的羽毛，有时还用小梳子帮它们梳理……你看，老师修改的部分，很好地再现了小作者与鹦鹉相处中的动人场景，鲜活的形象展现在我们眼前，如闻其声、如见其形。这些场景是如何写得生动、具体的？一是要有合理的想象，用拟人手法写出了小鹦鹉"学说话"的有趣样子，写得活灵活现。二要进行细节描写，帮助梳理羽毛的情节，让读者受到感染和感动，就会起到升华感情的效果。当然在表达时，段落之间要层次清晰，过渡自然。

3.真情实感，尽情抒发

与小动物相处中的情感变化，要适时地表达出来。老师进行补充和修改后，这个层次就更加清晰了："我不甘心""我不耐烦""我依然喜欢"，既推动后面情节的发展，又使情感层层推进。我们喜爱小动物，要把自己喜爱的感情，巧妙融合在字里行间。如：它们有点儿惊慌地看着我叫，两双小眼睛骨碌碌地转着。我一下子就喜欢上了它们。又如老师补充的："每天上学前我都要去看看小鹦鹉，加一些食物和水……直到妈妈催我上学了，我才依依不舍地离去。"让读者一读文字，就能感受到作者对小鹦鹉的喜爱之情。有时候还可以用简洁的语句直抒感情："这就是我心爱的'小黄'和'小绿'，它们虽然不会说话，可我们之间已经结下了深厚的情谊。"这样表达既符合当时小作者的心情，又一次点明主题。

　　总之，我们在描写小动物时，只要抓住动物特点来描写，并且将自己的感情融进对小动物的描写之中，就一定会写出生动感人的小动物文章。

（此文发表于《小学生作文辅导》2013年第3期）

牵牛花上的发现

习作精评

习作题目解析

小朋友，看到"牵牛花上的发现"这个题目，你觉得这篇习作主要是写什么？应该重点写什么？怎样才能写得生动呢？

很明显，读这个题目，有一个词会跃入你眼帘："发现"。对了，要有所发现，你必须得仔细观察，所以这是一篇观察类作文。写观察类作文应观察细致，描写入微，讲究真实、生动。

"发现"必定有一个过程，先观察到什么现象，再思考到什么问题，然后通过什么方法和途径解决这个问题，最后懂得了什么，这一切都要写清楚，这样文章就有条有理了。

下面，我们来看徐晨琦小朋友是怎么写的。

习作点评

牵牛花上的发现

徐晨琦

听说牵牛花好种易活，而且枝枝蔓蔓爬得自然可爱，能装点环境，于是，我和妈妈就在阳台上种了好几盆牵牛花。

春天到了，牵牛花冒出了嫩芽，不久长成了细藤。[?]

批注[U79]：牵牛花藤长什么样？要具体描写，突出其纤细、柔软的特点，为下文作铺垫。

我就顺手把花盆移到不锈钢栏杆的右边，好让它爬上去。第二天，我发现细藤又长高[?]了一些，但是没有绕上去，而是在风中抖动。[?]这是为什么呢？我怔怔地看着。忽然，我想起了书上说牵牛花蔓是逆时针绕的。于是我又把花盆移到不锈钢栏杆的左边，希望它能乖乖地爬上去。那几天里我几乎一天要去看上几次，可它总是像个和妈妈赌气的孩子似的不往上爬，却大胆地朝阳台外探着细长的身子。[?]这情形真让我心急，我只好用手帮牵牛花绕到不锈钢栏杆上，助它一臂之力。

一连几天过去了，牵牛花藤非但没有往上爬，反而绕了回来，我[?]想：难道牵牛花不喜欢爬不锈钢栏杆？于是我换了根竹竿让它爬。第二天，我又去看牵牛花，呀！牵牛花藤已经绕着竹竿长了一米多。[?]"难道牵牛花藤特别[?]喜欢爬竹竿吗？"带着这样的疑问，我又在竹竿上接了一根塑料杆。第二天我发现它居然又爬了上去。[?]这下，我得出了结论，牵牛花是喜欢爬非金属物体的。可它为什么不喜欢金属呢？我的眼前又疑雾重重，这个问题令我百思不得其解。[?]

我来到学校问同学，同学摇摇头；我找《少儿百科全书》，也没有现成的答案。那怎么办呢？后来我在百度[?]中搜索关键词"金属物体"，一行字跳入眼帘：金属导热性好。气温高，金属就会发烫；气温低，金属就变

批注[U80]：牵牛花的藤细细的很柔软，改成"伸长"更好，体现用词的准确性。

批注[U81]：没有绕上去的细藤在风中抖动像什么？仔细观察，展开想象，突出其特有的样子，可以与下句"赌气的孩子"对应。

批注[U82]：用拟人的手法，写出了牵牛花藤的动态，给人无限的想象，增加了文章可读性，同时也体现了小作者独特的观察视角。

批注[U83]：你帮着牵牛花藤，它还是不肯绕上去，你怎样想呢？用一个词把你此刻最真实的心情写出来，推动后面情节的发展。

批注[U84]："第二天就发现它长了一米多"，太夸张了，观察类作文更要讲究真实。而且小作者没有具体描写"爬上竹竿"的藤蔓怎么样，这里的观察所得是全文的转折，也是"探究"的聚焦点，不可一笔带过。

批注[U85]：这里的"特别"改成"只"字，就更能显示小作者不甘罢休的探究精神。

批注[U86]："居然"一词用得准确，写出了小作者探究期待中惊喜地发现。但这里描写显得过于简单，应该体现观察的层次性。

批注[U87]：突出自己在观察中的疑惑心情和进一步探究的原因。

批注[U88]："百度"是网络中"搜索功能"的专用术语，应该加上下引号，小小标点不可忽视。

得冰冷。哦！我一拍脑袋！真是"山重水复疑无路，柳暗花明又一村"！原来钢管有"暴冷暴热"性，娇嫩的牵牛花藤怎么受得了这样强烈的"刺激"呢？它只能本能地拒绝和它交朋友，所以只好爬竹竿了！[？]

批注[U89]：文章到此，看似结束，实质还没完整。有必要加上一个结尾，突出观察探究后的愉悦心情，同时点明中心。

总评：徐晨琦小朋友写了自己一次有趣的观察活动，抓住"牵牛花藤生长的过程"，进行连续、多次、反复地观察、探究，而且突出了在探索过程中的情感变化，读来新鲜有趣。但是，正如老师在上面所批注的，小作者在一些关键的衔接处，写的比较简单，缺乏用一定的修辞手法把事物写准确和有趣，读起来，觉得文中探究的层次还可以丰富些。

请看看老师修改后的文章。

修改后的习作

牵牛花上的发现

听说牵牛花好种易活，而且枝枝蔓蔓爬得自然可爱，能装点环境，于是，我和妈妈就在阳台上种了好几盆牵牛花。

春天到了，牵牛花冒出了嫩芽，不久长成了细藤，它细细的、软软的，一副弱不禁风的样子。在春风的吹拂下，细藤一天天变长，在风中摇晃着，需要棍子支撑了。我就顺手把花盆移到不锈钢栏杆的右边，好让它爬上去。第二天，我发现牵牛花的藤又伸长了一些，但是没有绕上去，还是在风中抖动，就像一个找不到家的孩子，在寻找一个安稳的落脚点。这是为什么呢？我怔怔地看着。忽然，我想起了书上说牵牛花蔓是逆时针绕的。于是我又把花盆移到不锈钢栏杆的左边，希望它能乖乖地爬上去。那几天里我几乎一天要去看上几次，它总是像个和妈妈赌气的孩子似的不肯往上爬，却大胆地朝阳台外探

着细长的身子。这情形真让我心急，我只好用手帮牵牛花的藤绕到不锈钢栏杆上，助它一臂之力。

一连几天过去了，牵牛花藤非但没有往上爬，反而绕了回来。我纳闷极了，心想：难道牵牛花不喜欢爬不锈钢栏杆？于是我换了根竹竿让它爬。第二天，我又去看牵牛花，呀！牵牛花藤已经绕着竹竿爬了好几圈，我用手轻轻一拉，它纹丝不动，就像一个紧紧依偎在母亲怀抱的孩子，难分难舍，真有意思。"难道牵牛花藤只喜欢爬竹竿吗？"带着这样的疑问，我又在竹竿上接了一根塑料杆。第二天我发现它居然又爬了上去，越爬越欢、碧绿的藤、淡绿的叶在阳光照射下散发着生命的活力。这下，我得出了结论，牵牛花是喜欢爬非金属物体的。可为什么它不喜欢金属呢？我的眼前又疑雾重重，这个问题令我百思不得其解。

我来到学校问同学，同学摇摇头；我找《少儿百科全书》，也没有现成的答案。那怎么办呢？后来我在"百度"中搜索关键词"金属物体"，一行字跳入眼帘：金属导热性好。气温高，金属就会发烫；气温低，金属就变得冰冷。哦！我一拍脑袋！真是"山重水复疑无路，柳暗花明又一村"！原来钢管有"暴冷暴热"性，娇嫩的牵牛花藤怎么受得了这样强烈的"刺激"呢？它只能本能地拒绝和它交朋友，所以只好爬竹竿了！

"小小牵牛花呀，开满竹篱笆呀！"解开了心中的疑惑，我开心地哼起了小调。我仿佛看到那满墙的牵牛花，在阳光的照耀下，"喇叭"吹得更欢了！

同类习作指导

小朋友，读了老师的评点和修改，你是不是有所收获呢？

修改后的《牵牛花上的发现》是不是读起来，觉得字里行间具有一种浓浓的趣味？有一种探究后的欢愉？观察情况描绘得很生动、细致，让你也忍不住想去尝试一番？

为什么会有这样的不同呢？

一般来说，观察到的现象，小朋友们都是能够写清楚的。但是，要写好观察中的发现，突出其中的独特现象，就要特别关注其中的细节变化，自己的情感体验。也就是说在观察时，我们不光要用眼睛看，还要用心去"触摸"。这样，眼中的植物才会更加鲜活、灵动；还要使观察一层一层推进，有所发现和

探究，写出来的文章才会视角独特、与众不同。

比如，就上面《牵牛花上的发现》来说，老师修改后，突出了哪些东西呢？

牵牛花藤长什么样？小作者没有具体交代，老师这样描绘：它细细的、软软的，一副弱不禁风的样子。在春风的吹拂下，细藤一天天变长，在风中摇晃着，需要棍子支撑了。突出其纤细、柔软的特点，为下文小作者提供支撑物，让其"攀爬"作铺垫。

没有绕上去的牵牛花细藤在风中抖动会怎样呢？仔细观察，展开想象，突出它特有的动态，"就像一个找不到家的孩子，在寻找一个安稳的落脚点。"与下句"赌气的孩子"对应，用拟人写法让静态的植物具有情感，形象鲜活的展现在我们眼前，给人印象深刻。

小作者在观察中有心情变化，要适时地表达出来，老师进行补充和修改："纳闷极了""我的眼前又疑雾重重，这个问题令我百思不得其解。"把真实的心情写出来了，既推动后面情节的发展，又反映小作者探索的热情。

爬上竹竿的藤蔓又怎样呢？老师补充了：牵牛花藤已经绕着竹竿爬了好几圈，我用手轻轻一拉，它纹丝不动，就像一个紧紧依偎在母亲怀抱的孩子，难分难舍，真有意思。这些写的是什么？有什么作用？写出了藤蔓绕上竹竿的有趣样子，用比喻和拟人手法把藤蔓写活了。这里的观察所得是小作者进一步"探究"的聚焦点，所以需要进行具体描写，体现文章的层次。

牵牛花的藤很柔软，所以"长高"这个词不恰当，应该用"伸长"。观察类作文一定要讲究真实，用词要准确。

小作者在观察的基础上进行探究，最后水到渠成地得出了结论进行结尾。这样自然结尾，还没有很好地突出小作者观察探究后的所感所悟，所以老师用歌词"小小牵牛花呀，开满竹篱笆呀！……"作结，既增加了童趣，符合当时小作者的愉悦心情，又一次点明主题。这样写让观察发现有一个完美的结局，使文章更完整，你说是不是呢？

（此文发表于《小学生作文辅导》2012年第1—2期）

绝处逢生的牵牛花

习作精评

习作题目解析

　　小朋友，你是不是觉得这个题目有点面熟？对呀，上一篇也是写牵牛花的呀！可是题目中的关键词是不一样的，所以，描写的重点也不一样了！读到"绝处逢生的牵牛花"这个题目，有一个重点词："绝处逢生"。首先应该明白这个词语的意思，不仅是指植物生长的特点，更是体现植物的一种精神。这就是文章的重点所在呀。

　　对了，要写出植物与众不同的精神，你要按一定的顺序仔细观察植物的外形特征，生长环境，在入微的描写中表达自己独特的感受。这一切都要写清楚，这样文章就有条有理了。

　　下面，我们来看同一位小朋友是怎么写的。

习作点评

绝处逢生的牵牛花

徐晨琦

　　一天，经过家门口的草坪时，我发现绿色的草坪上长出了一株牵牛花幼苗，它舒展着两片嫩绿的叶子在风中欢笑。我很好奇，它怎么来的呢？可能从我家阳台上掉下来的种子落在土里，在这里长大吧。[？]

批注[U90]：这里用猜测，实则点明牵牛花好种易活的特点。

一连几天我都去看它。在春风的吹拂下，它渐渐长出了新叶，还长出了一条细细的藤蔓，不久还长出了几个花苞。[？]夏天到了，猛烈的阳光照着它。一连十多天都没下雨，土地变得硬邦邦的。[？]我真担心嫩叶会被阳光"烤焦"。有一天清晨，我又去看它，我惊喜地发现它居然开出了一朵花[？]我不禁被它不怕骄阳的顽强精神所感动了。

一天放学回家，我满怀着好心情走向那片草地。但，只看了一眼，我的心情就沉重了——碧绿的草都被环卫工人割断了。那株让我牵挂的、曾经充满生机的牵牛花虽然幸运地留了下来，但已伤痕累累。[？]原来粗心的环卫工人差点把它当作野草给割除了。我默默地看了一会儿，心中感到一丝丝惋惜。[？]

[？]几天后，我又一次经过那片草地，猛然间看到几天前还奄奄一息的牵牛花，竟然[？]重新长出了绿叶，开出了一朵蓝莹莹的花！我像被电击中了一样一震：究竟是什么力量让它绝处逢生呢？原来为了在这缺少养分的坚硬土地上茁壮成长，[？]它把根深深扎进泥土里，根就逐渐变粗了。

我凝视着它，思潮起伏，脑海中出现一句话：身处困境中的成功比普通境遇中成功大得多！[？]植物都如此，人不就更应该这样吗？[？]

批注[U91]：这个句子体现了植物的生长过程。但要注意用词的变化，同一个意思"长"，可以用不同的字来表达。

批注[U92]：在这样干旱的环境中牵牛花植株是怎样的呢？不能一笔带过，要仔细观察，展开描写。

批注[U93]：这朵花出乎小作者的意料，是牵牛花顽强精神的体现，要具体描写一下花，给人留下深刻印象。

批注[U94]："伤痕累累"太笼统了。叶、花、藤都怎样了，要生动描写，与下文的"起死回生"形成鲜明对比，形成张力，凸显精神。

批注[U95]："默默地""一丝丝"非常符合当时小作者的心情，用词准确。

批注[U96]："竟然"一词用得好，是小作者出乎意料地发现，也是牵牛花"绝处逢生"精神的生动写照。

批注[U97]："根深才能叶茂"这是牵牛花"绝处逢生"的关键所在，小作者慧眼独具发现了，但没有进行形象的细节描写。

批注[U98]：能从植物联想到人，可见小作者的确被牵牛花的精神所感动了。文章的立意更高了。

批注[U99]："一花一世界"大自然中还有许多让人感动的植物呢！这样结尾不够意味深长，应该做点延伸，表达小作者探寻大自然感动的意愿，让人回味。

总评：这是一篇写植物的文章，描写了牵牛花种子落到楼下，植株在干旱的草地上顽强成长，在严重伤害中"起死回生"绽放花朵的过程，体现了娇柔的植物在困境中顽强抗争的精神。小作者在文章描写中突出了自己的情感变化，先是无意中发现，然后是担心牵挂，最后是深深感动，条理非常清楚。但是，小作者在一些关键的细节处、对比处，描写欠生动具体，怎样让文章增加感染力呢？请看看老师修改后的文章。

修改后的习作

绝处逢生的牵牛花

一天，经过家门口的草坪时，我发现绿色的草坪上长出了一株牵牛花幼苗，它舒展着两片嫩绿的叶子在风中欢笑。我很好奇，它怎么来的呢？可能是从我家阳台上掉下来的种子落在土里，在这里长大的吧。

一连几天我都去看它。在春风的吹拂下，它渐渐长出了新叶，抽出了一条细细的藤蔓，不久还冒出了几个花苞。夏天到了，猛烈的阳光照着它。一连十多天都没下雨，土地变得硬邦邦的。每天中午它的叶片都卷起来，软软地下垂着，我真担心嫩叶会被阳光"烤焦"。有一天清晨，我又去看它，我惊喜地发现它居然开出了一朵花！淡蓝的花瓣组成了一个小巧的蓝色喇叭，花瓣上还挂着晶莹的露珠呢！我不禁被它不怕骄阳的顽强精神所感动了。

一天放学回家，我满怀着好心情走向那片草地。但，只看了一眼，我的心情就沉重了——碧绿的草都被环卫工人割断了，那株让我牵挂的、曾经充满生机的牵牛花虽然幸运地留了下来，但已伤痕累累。几片残缺的黄叶挂在藤上，可爱的花苞不见了，碧绿的叶子消失了，只有根还深深地扎在泥土里。原来粗心的环卫工人差点把它当作野草给割除了。我默默地看了一会儿，心中感到一丝丝惋惜。

那几天，我一直不忍心去看一下这可怜的小生命，不希望它那残缺的身影映入我的眼帘。几天后，我又一次经过那片草地，猛然间看到几天前还奄奄一息的牵牛花，竟然重新长出了绿叶，开出了一朵蓝莹莹的花！我像被电击中了一样一震：究竟是什么力量让它绝处逢生呢？我带着疑问寻找它的根，呈现在我眼前的情景让我大吃一惊，它的根是一般牵牛花根的三、四倍粗！与我的小拇指差不多。原来为了在这缺少养分的坚硬土地上茁壮成长，它把根深深扎进泥土里，根就逐渐变粗了。

我凝视着它，思潮起伏，脑海中出现一句话：身处困境中的成功比普通境

遇中成功大得多！植物都如此，人不就更应该这样吗？

从此，我开始留意身边毫不起眼的植物，每每为它们的精神所感动。

同类习作指导

小朋友，读了老师的评点和修改，你是不是有所启发呢？对比前面的《牵牛花上的发现》，再读《绝处逢生的牵牛花》，同样是写牵牛花，你是否感到了两者的明显区别呢？前者重在写观察及探究中的新发现，后者注重描写植物的外形和生长环境，赞美一种精神。所以小朋友们审题时要关注题目中的关键词哦。

写一种植物，必须抓住外部形态，有层次、有顺序地描写，本文就是瞄准其生长环境并抒发情感。老师修改后的《绝处逢生的牵牛花》突出了什么呢？

1.语言运用求准确

"它渐渐长出了新叶，抽出了一条细细的藤蔓，不久还冒出了几个花苞。""长、抽、冒"，多么鲜明富有动感的字词，描写了牵牛花植株的生长过程，同时体现了语言的丰富性，增加文章可读性。"几天后，我又一次经过那片草地，猛然间看到几天前还奄奄一息的牵牛花，竟然重新长出了绿叶，开出了一朵蓝莹莹的花！""猛然间""竟然"两个词语用得好，是小作者出乎意料的发现，也是牵牛花"绝处逢生"精神的生动写照。

2.前后对比要鲜明

在干旱环境中牵牛花植株是怎样顽强生长、绽放美丽的呢？小作者只写了："我真担心嫩叶会被太阳'烤焦'""我惊喜地发现它居然开出了一朵花！"前后文中叶子、花朵对比不鲜明，没有给读者留深刻的印象。老师补充上叶、花形态的语句"每天中午它的叶片都卷起来，软软地下垂着。"与"淡蓝的花瓣组成了一个小巧的蓝色喇叭，花瓣上还挂着晶莹的露珠呢！"进行对比。还有"几片残缺的黄叶挂在藤上，可爱的花苞不见了，碧绿的叶子消失了……"与"竟然重新长出了绿叶，开出了一朵蓝莹莹的花！"多次鲜明的对比，突出了牵牛花绝处逢生的精神，使文章感人。

3.细节描写必生动

要使静态的植物具有动感，鲜活的形象展现在我们眼前，可以运用多种表现手法，使植物写得形象、生动、感人。"淡蓝的花瓣组成了一个小巧的蓝色喇叭，花瓣上还挂着晶莹的露珠！”用比喻手法把花朵写形象了，突出小作者惊喜的心情。

小作者慧眼独具发现了“绝处逢生”的关键点——根，抓住植物最显著的特点：呈现在我眼前的情景让我大吃一惊，它的根是一般牵牛花根的三、四倍粗！与我的小拇指差不多。对这个独特点进行具体描写，鲜明生动，读来心怀感动。

4.结尾点题意味长

小作者在观察的基础上进行细致描写，最后水到渠成抒发了自己的感动。但这样结尾，还不够意味深长，“从此，我开始留意身边毫不起眼的植物，每每为它们的精神所感动。”这样结尾，既点明主题，又表达小作者常被大自然事物感动的情感，体现思想感情的倾向性，耐人寻味。

同学们，以上两篇是同类事物作文，写的都是常见的牵牛花，因为探索视角不同，所以呈现的精彩也不同。这不是很有意思吗？

（此文发表于《小学生作文辅导》2012 年第 5 期）

主 题 **5** 　　体验心灵成长

快乐其实很简单

素材开拓

同学们，什么是快乐？快乐就是你无意间瞥见新绿的那丝惊喜，就是你拥有纯真笑容时的那份甜美，就是你怀着不舍回味和同学相处的那份经历……如此简单！只要我们善于发现，快乐就像阳光一样无处不在。同学们让我们一起去寻找快乐，感受快乐。

在美好的风景中采撷快乐

在暖暖的风中，沐浴着柔和的阳光，这种感觉怎一个乐字了得。此时偶然碰到了"惊喜"，不经意间的快乐会让你久久难忘呢。

看，暖阳高照，阳光与绿叶攀谈着，绿叶通体透亮，炫耀在枝头；阳光微笑着与花儿对语，花朵昂着头；露水静静地躺在绿叶上，在阳光的照耀下，晶莹剔透，闪闪发光。看到露珠在绿叶上兴奋地滚动，跳跃，好快乐！阳光下的小鸟，那样无拘无束！大千世界的万物，萌动着勃勃生机。在美好的心境中，一位同学这样写道：曾经在暮春时节来到学校生物园前，透过精巧的铁栅门仔细欣赏木棉花的"落红无数"；曾经路过硕果累累的橘树林，仔细地摘了一朵"反季节"的小花压成书签；曾经细数池塘中开出了几瓣莲花，看蜗牛在水池边不紧不慢地爬行……多么轻松，多么快乐洒脱！怀着美好的心情我们可以把景物写得如诗如画，美不胜收。

在亲身的探索中收获快乐

怀着一颗期盼的心，将一株小小牵牛花苗移植到阳台，每天去看它，为它浇水，捉虫，希望它快点长大开出花朵来！日子在慢慢流逝，小花苗也在渐渐长大，它冒出了绿绿的新叶，抽出了细细的藤蔓，为它精心搭个架子，观察它怎样慢慢绕上去，是逆时针？还是顺时针……有猜测，有印证，用鲜活的文字及时记录下转瞬即逝的片刻体验。期待的心终于等到了花开的那一刻！害羞的花骨朵变成了一个个精致的蓝莹莹的"小喇叭"，美得脱俗，美得清新，美得自然！似乎在吹奏一曲清晨的赞歌呢！此时的你多么快乐！这期间包含着你多少的期待，多少的关注，多少的收获。正如老舍爷爷在《养花》一文中写道：有花有果，有香有色。既须劳动，又长见识，这就是养花的乐趣。抓住这种特殊的"种植"体验，让自己的心情随着花苗的慢慢成长起伏变化，让自己心中的快乐或浓或淡萦绕在字里行间，写出的作文一定与众不同。

在倾心的阅读中品味快乐

像老鹰飞过山谷，像小鱼游过河流，像羚羊奔跑过草原。在我们的心扉中，童年时代的读书生活好似一段精彩的电影，也像一群跳动着欢快的音符。

一位"小书迷"每逢星期五下午放学后，心情就格外激动，为什么呢？因为这天下午，她可以在书店里尽情地"饱"览群书，但有时妈妈不让她去，因为老师布置的作业较多，妈妈怕她写不完作业。这位同学不免要跟妈妈"斗智斗勇"，用书上看来的一些名人名言来说服妈妈……这才欢天喜地地跑出大门，此时的她就好似关在笼子里的小鸟终于获得了自由，总会发现头顶上的天格外蓝，云格外白。她在知识的海洋中尽情地遨游，在跌宕起伏的情节中快乐穿梭……妙词佳句尽收眼底，思想情感浸润心间，这种直抵心灵的阅读体验给她带来了无穷无尽的快乐。你是否也回忆起了曾经的阅读经历，你一定会感同身受，写出更多的佳作。

在心灵的释放中珍藏快乐

同伴的一个微笑，一句"早安"，这都会是快乐的理由。只要愿意放飞快乐的心，快乐的蝴蝶与微风自然会进入你的心房。

作为学生，成绩起伏变化在所难免。不知是什么原因，成绩很突然地退后，就像夏日里的暴雨，令人猝不及防；又像是落入了阴冷的冰窖，只觉得眼前一片灰暗，自己却别无他法，只有把头压得更低更低……

朋友们发现了你的异常，常常劝导你："别灰心！你应该快乐一点，勇敢地向前冲啊！"简简单单一句话，似乎是一双手，推开了心里闭锁的大门，阳光、花香、鸟语全都洒了进来，激起你奋勇前进的勇气。周末，和同学们骑着自行车去释放心灵，微风掠过，混着泥土芬芳的空气让心顿时宁静了下来。心中的黑暗像是撕开了一个小口，有阳光了！心中淤积了好久好久的烦恼全在此刻倾泻而出，轻松爽快。是啊，于是又带着好心情回到学校，回到了这个快乐的世界。你是否还想起了课间和同学在一起的点点滴滴？也许是你和同学一次互帮互助的经历，也许是你和同学聚集在长廊上尽情游戏的情景，也许是大家愉悦地依傍在栏杆上凭栏远眺的亲切交谈……试着用笔记录下一帧帧难忘的画面，把自己置身其中的真切经历写下来，享受快乐，享受过程，就是一次次美好的回味哟！

在温馨的家庭中体悟快乐

拥有一个和谐的、温馨的家庭是最大的幸福。在这样的家庭里，有爱你的爸爸妈妈，有疼你的爷爷奶奶。每天，当第一缕阳光出现在你的窗前，你就会听到妈妈温柔地唤你起床的声音。能听到这比乐曲还动听的声音，让人感到无比幸福！要是生日到了，回到家，爸妈都在等着你。看爸爸点上蜡烛，听妈妈让你许个愿，然后吹灭蜡烛，多么温馨快乐的场面。其实，快乐不是因为爸爸妈妈给你买蛋糕，朋友送你礼物，而是通过这么普通的事体会到了关爱的温暖。"细雨湿衣看不见，闲花落地听无声"。父母的爱犹如湿衣的细雨，又似落地的闲花，细细碎碎洒满你身，唯有爱才会在这变化异常迅速的世间永久留存。拥有了爱，我们就会快乐，不是吗？快乐其实很简单，关键取决于用自己的细腻心思去感受包围在你身边的缕缕温暖，让它成为你记忆相册中精彩的一页吧。

其实快乐总围绕在我们身边，在浩如烟海的往事中，总有一些如浪花般美丽的往事留在了记忆中，成为我们快乐的回望。快乐，它的身影就会无形地推

动你，伴你走向向往的春天，在你我的心里流淌出春天的音乐。

[例文]

好玩的新版"造纸术"

呈现在我眼前的是一张斑驳的纸，表面坑坑洼洼，凹凸不平。上面还隐隐约约呈现或横或竖或斜或倒的印刷字体，边缘曲折。你可千万别以为这是一张年代久远的神秘"藏宝图"，这是一张我亲手造出来的再生纸。

一个小时前，我正在津津有味地翻看一本《小百科》，忽见一条造纸的"秘方"，好奇心拨弄着我，我心想：反正闲着，不如造一张纸试一试。

看清说明后，这可难不倒我这个动手高手了。我迅速找来几张文件废纸、一个碗、一袋淀粉。我再次细看"秘方"，生怕出一点差错，造成无法挽回的"损失"。我如法炮制，先按照第一步：把废纸剪成细细的小块。这可是件花时间的工作。撕吧，不均匀；剪吧，又太费时间，怎么办？思来想去，还是剪。我拿起剪刀，小心翼翼地剪起来，犹如绣花工在绣花。剪完纸在碗里加入水，把碎如雪花般的小纸片放入碗中。一时间，它们都浮在水面，犹如一只只小帆船，随波漂流。我心想，第一步终于大功告成了，我暗自得意，甚至开始遐想那张造出来的纸张了。

为了能早点"造"出那张神奇的纸，我一刻不停，开始用筷子搅拌这奇特的液体，还时不时加入些淀粉。一搅拌，漂浮在水面的纸片成了一团，在水中不住地旋转。淀粉让原本清澈的水变得越来越浑浊，越来越纯白……我停止了搅拌，问自己：造出来的纸会是怎么样的？光滑的？粗糙的？我想推开那扇代表未知的大门，但钥匙却被一名叫时间的老人掌控着。我只好焦急而耐心地边搅拌边等待。

我一边搅拌一边再次加淀粉。渐渐地，液体变了，像牛奶，又像稠粥了。我小心翼翼地把这碗液体向早准备好的一张铜版纸上倒去，然后把它抹平，直到没有一点凹凸起伏为止。我又用筷子把水一寸一寸控干。现在呈现在我眼前的是一层纸糊。说明书上说把这层纸糊晾干就是"再生纸"了。真的吗？我心里打起一个个问号。因为我分明看到纸糊里还有若隐若现的字迹，它还没有完全融化。但我还心存希望，我把这层凝结着我心血的纸糊摊晒在阳光下，让它吸取天地之精华，变成"再生纸"。

在等待的时间里，我时不时去观察这张纸。它一点点变干，但一直是皱巴巴的。我不时地去看，领教了等待的滋味。终于我惊奇地发现那张纸全干了！我迫不及待地轻轻揭起来。但呈现在眼前的却是一张我没有想到的"地形图"：凹凸不平的纸面，曲曲折折的边缘，投着字迹的表面……

这就是我亲手做出来的"纸"吗？哈哈，不过这张奇特的不能写字的纸却让我体验到了无与伦比的乐趣！

（徐晨琦）

烧烤真快乐

那日，爸爸妈妈带我一同去"桃花源"烧烤。我在路上不停地问："烧烤是什么？烧烤好玩吗？烧烤好吃吗？"妈妈笑着说："到了你自然明白了。"

终于到了烧烤地，爸爸付了钱后，我们找了一个位子坐了下来。服务人员拿来一瓶胡椒粉、香粉和油等，又在烧架上放了几颗煤球。他取出一个打火机，轻轻一打，煤球慢慢变红，一朵朵火花窜了上来，一颗颗小火星为它伴舞。工作人员拿起刷子，往盛满油的碗里沾了沾，然后刷在烤板上。火更大了。他不慌不忙，往上面垫了张箔纸，说："你们可以烧烤了！"

我兴奋地喊："我来烤！我来烤！"我从袋子里取出一根香肠，小心翼翼地用细棒将它串了上去。

我拿起一把刷子，蘸了蘸油，往纸上涂了涂，又往香肠上涂了涂。我学着别人的样子，一边把它转着，一边浇着油。不久，爸爸烤的香肠已经熟了，可是我的香肠才只有一点点泛黄。"爸爸，为什么你的香肠熟了呢？"我轻轻地眨着小眼睛问。"因为你的火不旺，用刷子在刷板上刷些油就行了。"

"哦！"我恍然大悟，翻开箔纸，果然发现火已经变得奄奄一息了。我赶紧舀了些油倒了进去。火果然旺了起来，我将箔纸再次盖了上去。那粉嫩嫩的香肠开始泛起微黄，香味已经飘了上来，我情不自禁地咽了口水。"放些胡椒粉会更好吃！"我往香肠上喷了些粉，一边喷一边转……它熟了，已经有些焦黄，我提起来，轻轻嚼上一口，脆中带软，软中带辣，一口下去真是好滋味呢！

"妈妈，你尝尝看！"我举着香肠给妈妈尝了尝，她夸我说烤的真好吃！我心里乐极了。有了鼓励，我又将一大块牛排拿出来烤。为了吃一块牛排，我得更费心思地将它来回翻动。火焰没有减弱它的旺盛，仍然恣意地舔着牛排。

牛排变成了灰褐色，另一面也变色了。我兴奋地举起了蘑菇汁往上浇着，我尝了一口，虽然烫口，但味道却是一流的哦！

这一次烧烤给我留下了难以忘怀的快乐回味。

（任天笑）

（此文发表于《作文素材》杂志 2012 年第 10 期）

游戏，让你的成长精彩无限

素材开拓

同学们，你们爱玩游戏吗？罗丹曾说：生活中不是没有美，而是缺少发现美的眼睛。生活，对于缺少观察的人来说，是平淡无奇的，而对于一个热爱它的人来说，是多姿多彩的。游戏在你们的生活中是唱主角的。同时游戏又是现实生活的缩影，就内容而言，大至战场纷杀，小至昆虫争斗……就形式而言，可辩可唱、能歌能舞……就心情体验来说，或紧张刺激，或轻松愉快……游戏，让你们的生活变得更加丰富快乐，多姿多彩，当游戏与习作牵手的时候，就是你心灵释放的快乐时刻。

在多彩游戏中细致观察

每个人都有好奇心，小孩子更是如此，对于没玩过的游戏，你们充满着向往；熟悉的老游戏让你们有一种亲切感。

你肯定能回忆起这些多彩的游戏吧，如好玩的"传话"游戏：传得一字不差的小组，"耶！"的喊声尽情表达了你们的自豪之情；将老师给的话传得面目全非的小组，惹得全班同学哈哈大笑。玩过"盲人画画"吗？一位蒙着眼睛的同学将三毛的鼻子、眼睛都不知道搬到哪儿去了，于是后来者小心翼翼用各种方法比画着，成功了！掌声如雷。"抢座位"更刺激，同学们围着圈慢慢地移动脚步，眼睛却紧紧瞅着凳子，美妙的音乐戛然而止……

各种游戏顺利开展，高潮迭起，悬念丛生。

游戏需要你进行有意观察，恰当"定格"。紧张、欢呼、叹气、期待，各种丰富生动的表情尽收眼底，太有意思了。通过语言、动作、神态的描写再现当时的情景，让人如闻其声、如见其人，记录下这些真实的细节会使你的文章真实而富有感染力。

在创意游戏中激发思维

生活中处处充满着创意，游戏更是如此。就花样跳绳来说，包括长绳中跳、小鱼穿线、交叉长绳跳等等，游戏之中蕴含了多变的队形和各种高难度的技巧，其间还可以穿插各种童谣、诗歌吟诵，真是快乐多多、创意多多。校园中盛行的"头脑保健操"更丰富：有唱反调，即正话反说；猜谜语，看谁反应快；脑筋急转弯，冲击思维……这些创意游戏可以使你们在紧张的学习之余调节身心，舒缓情绪，让你们换一种思维想问题，有利于展开想象的翅膀，成为富有创造力的孩子。如一位教师曾要求学生用嘴巴创造"艺术饼干"，结果学生们咬出了五花八门的形状：漂亮的花形、奇特的多边形、可爱的动物形……

有位学生偏偏"奇思妙想"，细腻地啃出一块"骨头"来，由于饼干很松脆，往往不随人愿，可这过程却往往带来另一份惊喜。

这是你们先前不曾体验过的，殊不知小小的饼干竟能给人带来如此快乐的创意，游戏中重点体会当时思维变化，表达出自己的真情实感。其实生活是很有趣的，只要你会玩，就会出创意，就可以为平淡的生活画上绚丽的彩虹。游戏使我们的生活成为一次丰富的创意时空体验，一处激发思维的快乐天地。

在科学游戏中探索知识

你吹过肥皂泡吗？一个个晶莹透亮、颤巍巍、摇摇欲坠的肥皂泡在阳光的折射下散发出五彩的光芒。"若是扇得好，一个大球，还会裂成两三个玲珑的小球，四散纷飞。有时吹得太大了，扇得太急了，这脆弱的球儿，会扯得又长又圆，颤巍巍的，光影零乱。但不久，这五彩的薄球，就无声地散裂了，又变成肥皂水落了下来。"冰心小时候爱吹肥皂泡。你想过没有，普通的肥皂水在阳光的作用下为什么如此神奇，蕴含着怎样的科学知识呢？换一个角度去寻求其间的道理，就能写出你的独特发现。

科学课中大量的实验深受你们的喜爱，它带领着你们走进神奇的世界，探索未知的领域。就

以鸡蛋为例，里面就有许多好玩的事，如巧辨鸡蛋生熟：两个鸡蛋，你在不打破的前提下通过转动能否分出生熟；大力士 PK 小鸡蛋：找班中的大力士将鸡蛋放在手心来捏，结果令人瞠目结舌——竟然捏不破，这是为什么？鸡蛋内部结构大探密：鸡蛋怎么能变成小鸡的，里面有什么奥秘呢？鸡蛋外部结构与拱形建筑间的关系……一系列的游戏强烈地抓住你们的好奇心，游戏过程中通过眼观、手动、脑想、心感，就能获得丰富的经验和知识，写出的文章自然是充满探索，蕴含科学味儿的。

在合作游戏中直面哲理

游戏不仅仅是身体的参与，有时从游戏中还能体会到一个个道理呢！几位学生通过合作连续几天保护一个鸡蛋的游戏中，深深体会到爸爸妈妈把自己从小照顾大的艰辛和不易，怀着感恩的心情，陈果、吕煊宸、金梓涵等同学写下了当时如何精心呵护这个鸡蛋的生动过程，抒发了自己的"护蛋心迹"："我把鸡蛋放在口袋里，小心翼翼地不时地摸摸它。连走路都是轻手轻脚的，就怕它破了。可是在小课间的时候，我轻轻地拍起篮球来。拍着拍着，鸡蛋从口袋里蹦出来了。咔嚓一声，鸡蛋摔在地上裂开了。我很伤心，我没有尽到保护鸡蛋宝宝的责任。我保护一个鸡蛋都花了这么多的精力，连吃饭睡觉都惦记着，可以想象爸爸妈妈把我养大，要付出多少的心血！"还有一个游戏叫"心有千千结"，两队人在自由绕圈走动时随音乐突然停下，原来挨在一起的人要重新拉起手，结果大家的手臂相互交叉。在设法解开纵横交错的手臂的过程中，不同的选择会出现不同的结果。一学生在《心有千千结》中表达出："解决问题要有进有退，退是为了更好地进"的道理。

欢乐的时光虽然是短暂的，但精彩的情节后面蕴含的道理却是丰富的，把自己的启发写出来，你的作文就有了与众不同的视觉。

游戏像一条红线，一座桥梁，将生活与习作、自由与梦想紧紧相连。牵手游戏，游戏引领着你们走在快乐习作的道路上……

[例文]

好玩的"逗笑木头人"比赛

"哈哈哈！哈哈哈！"教室里传来阵阵笑声，班主任何老师正在组织同学开展一次别开生面的比赛，那就是"逗笑木头人"比赛。

老师宣布了比赛规则，接着选出了由章森杰和祝吉两位同学分别担任"木头人"和"逗笑者"。

老师一声令下"开始!"，我和同学们都异口同声地喊起了口令："甩甩甩!甩甩甩!我们都是木头人，不许说话，不许笑。""木头人"一上阵就表演得惟妙惟肖，哈腰挥臂，东倒西歪，真像喝多了酒的醉汉。时隔不久，老师又一声令下"停!"，"木头人"瞬间就被凝固成了雕像，站在那里一动不动。章森杰身子向前倾斜，双脚一前一后，这姿态像是在驾驶着一辆摩托车向前飞驰。

大家聚精会神地欣赏着这"木头人"的姿态，接下来就要看"逗笑者"的本领了。一号"逗笑者"祝吉首先出场，他像触电似的全身抖动，想引得"木头人"的笑容，但"木头人"早已严阵以待，好似已麻木不仁，没有任何丝毫的反应，接着祝吉又用低沉的声音讲起古怪的故事。这时候同学们早就被逗得憋不住了，我也忍不住捧腹大笑……可是"木头人"仍然是无动于衷，一号"逗笑者"只能无可奈何地败下阵来。

接着二号"逗笑者"王锦涛上阵，他一开始就使出了新花招，手舞足蹈地说起了笑话，接着又诵起了改头换面引人发笑的古诗，他施尽自己浑身的本领和各种花招，这时同学们有的笑得捂住肚子，有的笑得腰也直不起来，还有的干脆趴在桌子上笑……但"木头人"咬紧着嘴唇，收紧着脸面的肌肉，就是视而不见，听而不闻，最后二号"逗笑者"也只能认输，"木头人"人获全胜。同学们一致鼓掌祝贺!

我真想每天都能参与这样"玩中学"的比赛，这样同学们就能在这愉快、开朗的笑声中共度快乐而美好的时光了!

（陈 哲）

摔鸡蛋实验

老师给我们布置了一项特殊的作业，你知道是什么吗? 就是把鸡蛋从三、四层楼扔下去，看一看会不会摔碎。

我们听了，脑子里冒出了一个个大大的问号，教室里顿时炸开了锅，我想：蛋从一楼摔下去都会碎，还别说是从三、四楼摔下去了! 同学们都议论纷纷，有的说自己肯定会成功，有的说不能成功，肯定会碎。还有的正在沉默当中。我转念一想：这肯定有窍门! 只要动脑，我的鸡蛋肯定不会碎，我对自己充满自信。

第二天上课，同学们都把自己准备的鸡蛋放在桌上。啊！同学们的蛋真是五花八门，让人眼花缭乱。我把自己的"糖果蛋"也摆在了桌上，"糖果蛋"是用布包好的，外面再用袋子包起来，最后用报纸包好，把透明胶贴到两旁，可以牢固地保护蛋。蛋就变成一个超大的"糖果"了！

我们都拿着自己的实验材料跑到三楼去验证。一到三楼，同学们都在等待着老师的发令。"一、二、三，开始！"老师的话音刚落，我们都迫不及待地鸡蛋扔了下去，我也把"糖果蛋"扔下，眼睛紧紧地盯着降落的蛋。扔下去的蛋有的在空中打转转，有的直接落在地上，还有的在地上弹来弹去。落地的声音也不一样，因为是塑料袋，所以落地的声音大多是袋子的声音。杨子涵的"水中送蛋"引起了我的注意，"扑"的一声，他的鸡蛋和水都摔在了地上，袋子里的水都洒出来了！再去看看杨泽宇的吧，他的蛋保护得极好，一层一层包在塑料袋里，上面还绑着两个花气球。下降时，塑料袋在空中不停地跳着优美的舞蹈，最后"啪"的一声，就掉在了地上。

我们把蛋扔完后，都迫不及待地跑下去找自己的蛋。同学们的表情都很丰富，有喜有忧，有的大喊："我成功了！"有的欢呼雀跃在庆祝自己。我找到了自己的蛋，拿出来一看，鸡蛋摔得简直不成样子，我想：蛋啊蛋啊！我都花了这么长的时间来准备，今天怎么会失败呢？

突然我想到了一句名言：失败是成功之母。那些科学家难道是第一次做实验就成功的吗？不，他们是经过了许多次失败才成功的，所以，我这一次没有成功，再做几次，就肯定会成功，一定不能灰心！

（万佳宇）

（此文发表于《作文素材》杂志 2011 年第 10 期）

美好的礼物

同学们，一提到美好的"礼物"，你的眼前是否出现了形形色色的物品？是否激起了一份激动的心情？它像一座桥梁连接着人与人之间的情感；像一颗闪亮的启明星照亮前方的黑暗，像一只彩蝶时刻飞舞在你的心灵深处。礼物是什么呢？礼物可以是任何东西组成的，一句话，一声问候，一支铅笔……它代表着一颗心，一份情，一种力量。这样的礼物是最美好的！

礼物蕴含珍贵的友谊

礼物，一点一丝的心意。一颗别致的橡皮，一张新颖的卡片，只要是朋友赠送的，你一定会珍视和爱惜，因为它包含着浓浓的情谊。

一位同学念念不忘那美好而温馨的一刻，在同学分别的时刻，原以为自己会孤独和冷落，但朋友的礼物使她温暖至今，她写道："给你！"突然，从我身后传来一个熟悉的声音。我转过身去一看——是小茜！她正微笑着看着我，说："这是给你的礼物，希望你永远不要忘记我，还有那件事我早就原谅你了。"我十分惊诧地看着她手中捧着的精美礼品盒，简直不敢相信这是真的。我伸出手瑟缩地从她手中接过礼物，那是一个装饰得很精美的盒子，打开包装纸，拿出来是一个小瓶子，里面装满了1000颗用五彩纸折成的小星星，上面还写着：祝你在以后的路上一帆风顺！那一刻，我哭了。

这份礼物独特而美好，它象征着珍贵的友谊，同时也提醒做人先要学会宽容。同学们你是否也有过类似的经历，选取一段难忘的经历，描写一份独特的礼物，抒写一份珍贵的友谊，领悟一个人生的哲理。

礼物见证拼搏的经历

有些礼物是别人赠送的，有的则是通过自己的努力获得的，这就有了更特殊的意义。选择一个自己努力拼搏的事件，尽情感受期间的曲折及获取成功的欣喜。

在学习生涯中，一位成绩普通的同学用一学期的辛勤付出得到了一份满意的成绩，换来了一份老师的礼物——一个价格不贵的练习本，当他走上领奖台时，他深深感受到：只要付出才会得到，只有努力才会成功，只有拼搏才会赢得别人的鲜花、掌声。在这件普通而特殊礼物的激励下，那个经常在校园玩耍出没的身影不见了，取而代之的是在教室里努力学习的背影；放学以后到处游荡的身影不见了，换上的是在家里努力学习的情景。不懈的努力下，他从一个中等生一跃成了班上的佼佼者。别看他得到的只是一本普普通通的练习本，然而这件礼物却饱含着激励，荣誉与欣慰。

一份小小的礼物背后隐藏了许多许多的故事，期间的转变令人寻味。在别人看来这样的礼物是平常的，而在这位同学看来，它却是价值不菲，内涵丰富。带着一双慧眼去发现，你会捕捉到很多丰富而美好的"礼物"。

礼物带来前行的力量

"不经历风雨怎能见彩虹？"我们喜欢彩虹，然而风风雨雨何尝又不是一种别样的风景呢？同样，美好的物品是礼物，失败的经历也是一种珍贵的礼物。换一种角度，你会发现身边很多的"礼物"。

成绩考砸时，除了痛苦、流泪，我们还可以得到一件与众不同的礼物——朋友的安慰，反思后的领悟。

或许你有过这样的经历：擦干泪水，回到教室，依然眉头紧锁，好朋友走了过来，安慰道："没关系的，虽然没有考到最好，但你也过得去呀！你可以把这次考试当作一次教训。所以这次对你来说实际是一件好事呀！"听了好朋友的话，你会振作起来。你还可以把这张试卷带在身边，把它当作送给自己的一份礼物。每当看到它，你就会沉着冷静，提醒自己做事不能粗心大意；每当失败时就会看到它，会提醒自己：没关系，下次一定会成功；每当成功时看到它，会提醒自己：人不是次次都能成功的，一定不能骄傲……

短短的一番话，薄薄的一张纸，其意义深远，给你的一种释然，一种力量。这个"礼物"难道不比其他礼物有价值得多吗？

赠送礼物表达感恩

接受别人的礼物是幸福的，那么赠送别人礼物呢？"赠人玫瑰，手留余香"那份美好的感觉同样让人回味无穷。

有位同学在母亲节时送给妈妈一份礼物，期间的过程真切动人：我灵机一动，兴奋异常地对妈妈说："今天是三八妇女节，我要送您一份特殊的礼物。"妈妈用惊讶的目光注视着我，不解地说道："啊？什么礼物啊！你今天怎么了呀！"我心中一颤，鼓足勇气说道："妈妈，祝你节日快乐！在此，我要送给你一份特殊的礼物，就让我以优异的好成绩来报答您对我的一片苦心吧！"妈妈一愣，脸上露出了欣慰的笑容，语重心长地说："好孩子，你终于能了解妈妈的心思了，我真是太开心了。"我们都情不自禁地大笑起来，那笑容仿佛比花还要美丽。

有形的礼物让人愉快，无形的礼物更让人感动。想想自己给哪些人送过礼物，给别人带去什么样的感觉？用心赠送，用心感受，写下来就是一篇好文章了。

珍藏礼物分享幸福

对于礼物，珍惜是必要的。也许你会把他人送的礼物珍藏起来。把一件礼物小心翼翼地放在一个盒子里，然后把这个盒子放在一个隐蔽的地方，时不时拿出来自我欣赏一番，回味礼物中的故事和美好的情感。这样的珍藏，意义深远。

也许你会大大方方地把礼物放在自己房间最显眼的一角，情不自禁享受着无言的幸福，也可以跟朋友一起欣赏，让大家共享你的快乐，你心里肯定是美滋滋的。你每天一进房就能看到这些礼物，你永远忘不了你的朋友，忘不了一生中最美好的时光，珍藏礼物能让你快乐无穷。用自己的细腻心思去感受包围在你身边的丝丝幸福，用文字记录这一刻心动的感受。

有位诗人说过："礼物是冬日的一缕阳光，温暖了我们的心田；礼物是一丝柔柔的春风，吹走了心中的烦恼；礼物是一条涓涓的溪流，唱响了深情的赞歌"。礼物是实实在在的东西，礼物更需要我们认真地聆听、用心地揣摩感

受，礼物不需要多少奢华，唯一的是刻骨铭心。只要同学们用心感受，抒发自己的独特感悟，写出的作文一定别样生动！

[例文]

礼 物

每个人都收到过礼物。在收到礼物时，你的感觉是怎样的呢？

记得在我生日那天，正逢星期六。早晨，我早早地起了床，问爸爸："老爸，你知不知道，今天是什么日子？"爸爸的回答却令我大跌眼镜，吃惊不已，他竟然说："当然知道，今天，是你去上兴趣班的日子。早点吃好早饭，去上兴趣班！"我听了后，刚才的兴奋瞬间灰飞烟灭。我闷闷不乐，草草吃了早饭就去了兴趣班。

下午五点半，结束了一天的课程，我疲惫不堪地回到了家。打开家门，里面黑乎乎的。我纳闷了，心想："怎么那么黑？家里的窗帘怎么也都拉上了？"正在想时，只听见打火机的声音，随后，茶几上出现了一丝火光，一支蜡烛被点亮了。随着一支支的蜡烛逐一被点亮，露出了客厅的全貌。烛光照映出许多张熟悉的脸，全是我的好朋友：叶柯程、钱政宇、查奕舟……"生日快乐！"他们齐声唱道，"Happy birthday to you，happy birthday to you，……"我的眼睛红了。

走进客厅，映入我眼帘的竟然是我梦寐以求的无级变速自行车！那帅气的车型，洁白的车身，别致的车轮……让我惊喜不已。爸爸笑着说："每次经过自行车柜台，你都目不转睛地盯着这辆自行车。今天你生日，我们就……"我再也忍不住了，泪水流淌下来，我拥抱着他，说："爸爸，谢谢你。"

从此，我对这件礼物呵护有加。每次骑过后，都要反复擦拭，绝不留下一点泥水污迹。尽管这礼物价钱不算特别昂贵，但它代表着父母对我真挚的心和满满的爱，我会一直珍爱。

（陈奕宇）

一串风铃

下课的铃声在教室里回荡，同学们纷纷到走廊上去玩了。我刚走到门口，"等一下！"我的后背响起了银铃般的笑声，扭头一看，原来是我的好朋友陈娇玮，"什么事？"我好奇地问。"哦，没什么啦，就是明天我生日，你能不能送我一个生日礼物？"陈娇玮直爽地说。"没问题！"一向喜欢给同学小惊喜的我拍拍她的肩，信心满满地说。

送什么礼物呢？哦，我有一双巧手，可以送她一串别致的风铃啊！我开始准备材料，一个小铃铛，六颗颜色各异的小珠子，一颗看上去像水晶，形状像水滴的大珠子，有了这些材料，可以制作一个小风铃了。我找来一枚穿了线的针，先把三颗小珠子穿了起来，再把大珠子钉上，剩下的三颗珠子按螺旋形穿在下面，最后挂上一个铃铛。一串精致的小风铃就完成了，我用手轻轻一摇，就发出清脆的铃铛声。我越看越喜欢，相信我的好朋友一定会喜欢的。

第二天语文课后，我把陈娇玮叫到操场上，把风铃送给了她，陈娇玮一见小风铃大叫一声："哇，好漂亮！我太喜欢了！谢谢你呀，江何琪。"我不好意思地挠挠头，说了一声："不用谢，生日快乐哦！"

那个小风铃就像一个友谊联结器，把我们俩紧紧连了起来。我与她的关系越来越好了，成了知心好朋友。

（江何琪）

（此文发表于《作文素材》杂志 2013 年第 11 期）

心中有个小秘密

素材开拓

　　美好的童年生活像个万花筒，朝着阳光就能转出一个个绚丽多彩的回忆。当然，你心中也有可能藏着一个独特的小秘密吧。秘密是什么呢？它可以是一种感觉，如你珍藏的一句话，一声问候；可以是自己独享的一件心事；也可以是曾经经历的一个故事……它代表着一种体验，一份记忆。慢慢独享它、品味它，会给你带来一种别样的感觉。其实这些小秘密都是你美好的回忆哦！

小小丑事 深藏心底

　　在成长中，总有那么一些不太"光彩"经历留在记忆的深处，调皮捣蛋啦、撒谎贪玩啦……一个人悄悄地做，独自静静地回味，越是不想让别人知道，憋在心里越是难受。这些小小的丑事，这份难忘的体验是长久深藏心底？还是一吐为快？

　　一位同学心里有个小秘密，他鼓起勇气道出了一件小丑事：明天又要补习英语，我只好先把英语作业做完，熬到了晚上 11 点钟才睡下。"丁零零"——闹钟响了，一看，太阳都升得老高啦。哪儿还有闲工夫去补习英语啊，再说了，打着哈欠去补习，多没面子呀！思来想去，我就拿起老妈的手机拨通了老师的电话："喂，是金老师吗？我向您请个病假，我发烧了。"我装模作样地说。"哦，可以啊，那你要去医院看看病，要多注意气温变化。"金老师亲切地说。我听了，心里像开了锅的水一样上下翻腾，我的脸通红，像被揪着似的。作为一位优秀生，这样做实在太难为情了。以后只要一想起这件事，我的脸就火辣辣的，特别是老师那亲切而又关心我的声音，让我这颗内疚的心久久不能平静……这件事就成了压在我心底的小秘密。

多么真切的回忆，多么难忘的情景。点点滴滴的真切体验如流水一般流进文字，凝成秘密，深藏心间。小小丑事回忆起来，各种滋味一起涌上心头。藏着秘密的心境像闪烁的星空，装点着童年的记忆。

小小囧事　别样体会

你遇到过囧事吗？那种欲说不能，尴尬至极的感觉你品味过吗？有时自作聪明，想不到反而被聪明所误。或许事情早已过去了，但当时的情景还历历在目呢。

一位同学为了不在骄阳下参加大课间活动，故意弯下腰，捂住肚子，尽量使眉毛在眼睛上皱成一个疙瘩，嘴张开，有气无力地叫着："哎哟！"老师听了，连忙让他回教室休息。原以为大功告成，接下来的一切让他始料不及。

第三节课是体育课，是他最喜欢的课程之一，上课时，他无奈地坐在教室里，看着同学们在操场上兴高采烈地奔跑，做游戏，而他却只能与书"相依为命"，此时他真恨不得长出一对翅膀，一下飞到操场上去，可是没有办法，为了假戏真做，他只能忍耐。

哪知，更尴尬的事还在后面呢，第四节课是语文课，老师讲得十分精彩，课堂提问时，他不由自主也想发言，可又怕老师同学们怀疑，所以只好强忍着，耐心地听其他同学回答，突然，老师又提出一个问题，同学都百思不得其解，他再也忍不住了，竟然忘了装肚痛，立刻站起来，腰板挺直，大声说出了正确答案。老师和同学都诧异地望着他，他才记起自己刚才的"病态"。真是羞得抬不起头，恨不得有一条地缝好钻进去。

你瞧，通过动作、场景、心理活动描写，把当时的窘态生动传神地勾画出来了，给读者以身临其境之感。这位同学的小秘密真是窘态连连，让人忍俊不禁。这种经历你有过吗？一段囧事可能就是记载着你一个独特的秘密，通过细节描写，写下来就是一篇与众不同的好文章。

小小错事　悔不当初

爱美之心人皆有之，处于"臭美"期的你们也不会例外哦。瞧瞧，有一位同学，前些日子还刚翻出妈妈的裙子在镜子前傻照，今天，她的心里又开始发痒了，寻找起妈妈的漂亮东西来，结果一件错事就发生了：

不知不觉，我居然走到了鞋柜旁，鞋柜里那一双双精美的高跟鞋吸引了我的眼球。哈哈，我一定要好好试个够！我翻着柜子，被我扔掉的鞋子可怜巴巴地散落在角落，这儿一只，那儿一对。突然，一个颜色艳丽、外壳精致的鞋盒

映入我的眼帘。我小心翼翼地打开了盒盖,一双崭新漂亮的高跟鞋立刻吸引了我。

我急忙穿上它。那高细闪亮的鞋跟在光滑的地板上发出清脆的声音,我得意地在屋子里走来逛去。突然,脚一扭,鞋跟一歪,居然"咯吱"一声断了,我狠狠地跌了一跤。我愣住了,后悔莫及,这是妈妈最心爱的新鞋呢,我该怎么办?这时,屋外响起了开门声,我急忙把它塞进鞋柜的最里面……

秘密试穿妈妈的新鞋,结果不巧跌断鞋跟……一件小小的错事成了小作者心里后悔不已的小心事。捕捉瞬时的感觉,抒写心灵的颤动,怀着真切的心情我们可以把小秘密写得生动传神,曲折生姿。

小小日记　宣告成长

不知道是因为长大了,还是因为自己的独立意识渐渐的变强,同学们拥有了一些不为人知的小秘密,总想为自己留一点大人不必涉足的私人空间。

在写作文时,妈妈或爸爸走过来,你会立刻合上本子;在写日记时,也许不允许爸爸妈妈随便查阅了;在学校发生了什么令你不开心的事,也会把它藏在心里,不随便和妈妈说了……一位同学在逛文具店时,看到带锁的日记本。它们精美别致,和其他笔记本不同的是,都有密码键或者挂着一把亮晶晶的钥匙。他这才知道,原来想拥有秘密的可不止自己一个呀……他觉得爸爸妈妈应该给自己一个独立的空间,让自己拥有秘密,拥有一份珍贵的回忆。

于是,他用自己的零花钱买回了带锁的日记本。记录自己的喜怒哀乐,独享自己的酸甜苦辣!值得庆幸的是从此后爸爸妈妈很尊重他的秘密,QQ密码他们从不过问,也不问孩子的带锁日记里写了些什么。妈妈说她不奢望孩子什么都对她讲,她相信孩子是一个有能力,有主见的人。

同学们你们毕竟已经由幼稚逐渐走向成熟,由依赖走向独立。心中有一些小秘密,不愿再告诉爸爸妈妈,这也许就是你们长大了的标志之一吧。小作者把自己的心路历程写得明明

白白，字里行间体现着自己的独立和成长。记录下来，成为你的一份独特回忆。

小秘密，它伴随着我们的成长，带着丝丝缕缕的情感，怀着酸酸甜甜的滋味。在童年的时光中，它带给你欢笑、窃喜，也带给你悔意、烦恼……随着你渐渐成长，一切如风轻轻飘散，留下的都是一份独特的回忆和体验。感受其中的酸甜苦辣，抒发自己的独特感悟，让小秘密成为你记忆中难忘的一幕吧。

[例文]

水晶烟缸去哪儿了

在童年的长河中，总有一个不可告人的小秘密藏在你心中，这个秘密，也许是痛苦的，也许是快乐的，也许是令你担忧的。总而言之，这个秘密是你的宝贝。现在，我要和大家一同分享我心中的小秘密。

一天，我在家里看电视，边看边玩茶几上的水晶烟缸。看到精彩处，我不由得热血沸腾，玩得也越来越疯狂。当我把水从烟缸倒入一根玻璃管中时，电视里的剧情进入了高潮，我的注意力立刻被吸引了过去。三心二意可不是好习惯，我的手一松"吧嗒"一声，水晶烟缸掉在了地上，摔破了。细碎而闪亮的水晶片撒了一地，我吓得目瞪口呆。巨大的声响引来了在隔壁房间忙碌的奶奶的询问，我结结巴巴地说："没……没什么事。"过了很久，我"怦怦"乱跳的心才慢慢平静下来，我把水晶碎片轻轻扫出来，悄悄地装在一个小盒子里，藏在沙发下面。

一切打扫完毕，我的心还在怦怦直跳。后来爷爷发现烟缸不见了，就和奶奶讨论烟缸到底去哪了，会不会被人拿走了。我在一旁听得胆战心惊，生怕被爷爷奶奶发现。就这样，我度过了一个个春夏秋冬。

随着时间的流逝，这件事情也被渐渐淡忘了，可爷爷奶奶偶尔提起时，我还是十分不安。

(江何琪)

我有一个小秘密

日子一天天流淌，生活一页页翻过，可总有一些回忆定格在记忆的长河中，镌刻在生活的诗篇中。它们时常萦绕脑际，挥之不去。打开记忆的心扉，那些隐藏在我心中的小秘密一一奔涌而出。

记得那次我一个人在家。我心想：啊！太棒了！老妈不在家，我自己"当家做主"了。我歪着脑袋想了想，突然，我有了主意，跑向化妆台。我拉开抽屉，拿出了妈妈一系列的化妆品，暗自偷着笑。我打开粉底盒，小心翼翼地拿出那块吸收了"粉底精华"的"海绵"，往脸上洗脸一般地擦着，不一会儿，我就变成了名副其实的"白面人"。我还觉得不够，拿出口红，转出一大截来，慢慢往口上涂，还没把整张嘴涂满，就听见"啪"的清脆一响，口红华丽丽地把它的"半生"断送在我"嘴"里了。我眼睁睁地看着一支曾经在"岗位"上的口红殉"职"，我一下子傻眼了，不知所措地站在一旁。突然一声电话声提醒了我，我慌忙把口红和别的化妆品胡乱一塞，抽出毛巾把脸迅速擦干净了，才大步流星地往外走去……

这个小秘密，我已藏了很久很久，妈妈也从没问起我，是她忙得忘了，还是早知道是我干的"好事"，不得而知。就让它一直封存在我心中吧，你可不要说出去哦！

（陶钰意）

（此文发表于《作文素材》杂志 2014 年第 5 期）

一句名言对我的启发

习作精评

习作题目解析

小朋友，看到"一句名言对我的启发"这个题目，你的脑海中是否涌出了很多喜欢的名言？

一句名言轻轻扣开你我心灵的大门，这样的经历你有过吗？这篇文章是用自己的亲身经历来印证一句名言对自己的启发。在整篇文章中，什么是重点呢？当然是要写出名言对你的启迪和帮助，使事情出现转机。我们要抓住亲身经历的情节进行具体描写，同时要突出受到"启发"时独特的体验和独到心得，体现真实性和启发性。怎样才能把过程写得真实、生动。

下面，我们来看车佳禾小朋友是怎么写的。

一句名言对我的启发

车佳禾

"宝剑锋从磨砺出，梅花香自苦寒来。"这句名言，让我有了信心，有了勇气。[?]

记得在一个柔暖的初夏，嗅着扑鼻的草香，我[?]和爸爸妈妈来到"靓水吧"游泳池。

我换了泳服，站在游泳池旁，望着清冽的池水，久久不敢下水。可是，当我看到小伙伴们自由地在水中玩

批注[U100]：开头简洁明了，给人留下阅读的期待。

批注[U101]：这里应该加上"第一次"，突出自己初学游泳这个特殊的事件，为下文做铺垫。

耍时，我还是把脚伸进了水中。

水不冷也不热，在我脚边流淌。[?]教练教我动作，我扶着栏杆小心翼翼地用脚拨水，可是脚丫老不听我指挥，总是触到水底，我灰心极了。

第二天，我再[?]次练习，终于，我的脚不再触地了。可是我憋气的时间总不长。[?]休息时，我走出泳池，在池边漫不经心地来回走动，不知怎么办。我抬头四望，看到四周墙壁上贴着许多励志名言。突然，"宝剑锋从磨砺出，梅花香自苦寒来"这句名言闪进了我脑海，[?]它像一道光芒照亮了我迷茫的心灵，[?]顿时给了我勇气和力量。

第三天，[?]我早早地来到了那里，看着泛着微波的水面，我不再犹豫，小心翼翼[?]地跨进水里。不一会儿，教练来了，他告诉我技巧和方法，我用心地听着，比划着，认真地练了起来。我首先练憋气，"1、2、3!"我深深吸了一口气，一下子把身体浸入水中，周围的水再一次不断地往眼睛、鼻子灌来，就在我快忍不住时，耳边似乎又响起了那句名言"宝剑锋从磨砺出，梅花香自苦寒来。"我浑身充满了力量，[?]这回终于憋了 10 秒钟!

"拨水、蹬腿!"随着教练的口令声，我一直重复着这些看似简单的动作，慢慢地，所有动作协调起来了。突然，我的身体轻盈起来了![?]我觉得自己已经变成了一只"水鸭子"，轻松自由地游了起来。[?]我小小的心充满了成功的欢乐。[?]

批注[U102]：这是你第一次学游泳，有什么不一样的感觉呢？应该描述出来。

批注[U103]：这里的"再次"改为"多次"，体现学游泳拨水动作很不容易。

批注[U104]：具体写一写自己在憋气中遇到哪些困难，细节最能感染读者，同时为后文受到名言启发后的克服困难好铺垫，形成对比。

批注[U105]：这里的转变有点突然，你明白了什么？点出你对名言的理解，推动后面情节的发展。

批注[U106]：这句名言在关键时刻给你力量和信心，用比喻的手法很形象、生动。

批注[U107]：这里的时间改成"休息后"，与前面的"顿时"相一致，使事情发展合理、文章结构紧凑。

批注[U108]：拥有了信心的你行动上也应该体现出这一点，把"小心翼翼"改为"自信"更好。

批注[U109]：在名言的启发下充满自信的你是怎样克服憋气的困难呢，当时的动作你一定记忆犹新，写出来让大家感同身受。

批注[U110]：小小的感叹号中我们读出了小作者情不自禁的喜悦之情。

批注[U111]：这是事情转折后的一个重点，不可一笔带过。应该用具体的语言描写如何轻松自由地游泳，给人真切的感受。

批注[U112]："小小的心"这个词用得很好，有浓郁的情感，真实地表达了自己成功后无以言表的心情。

是啊，"宝剑锋从磨砺出，梅花香自苦寒来。"只要有信心，有勇气，就能梦想成真。[?]

批注[U113]：结尾处应该有个提升，老师加了一句，看看是否更加合适。

总评：车佳禾小朋友写了自己学游泳过程中受到一句名言的启发，通过前后不同的动作、心理对比描写，在豁然开朗中明白了：只要有信心，有勇气，就能梦想成真的道理。叙事中能写清楚过程和心情体验，如果能在"学"的过程中更加突出对名言理解的独特体验和叙事融合，那么读起来，我们就会觉得文章前后对比鲜明、启发深刻。

请看看老师修改后的文章。

修改后的习作

一句名言对我的启发

"宝剑锋从磨砺出，梅花香自苦寒来。"这句名言，让我有了信心，有了勇气。

记得在一个柔暖的初夏，嗅着扑鼻的草香，我第一次和爸爸妈妈来到"靓水吧"游泳池。

我换了泳服，站在游泳池旁，望着清冽的池水，久久不敢下水。可是，当我看到小伙伴们自由地在水中玩耍时，我还是把脚伸进了水中。

水不冷也不热，在我脚边流淌，欣喜，油然而生。教练教我动作，我扶着栏杆小心翼翼地用脚拨水，可是脚丫老不听我指挥，总是触到水底，我灰心极了。

第二天，我多次练习，终于，我的脚不再触地了。可是我憋气的时间总不长，只要把头扎进水里，我就感觉胸闷气短、周围的水不断地往眼睛、鼻子灌来，一不小心，我一连喝了几口水。连续几次都是如此，我沮丧极了。休息时，我走出泳池，在池边漫不经心地来回走动，不知怎么办。我抬头四望，看到四周墙壁上贴着许多励志名言。突然，"宝剑锋从磨砺出，梅花香自苦寒来"这句名言闪进了我脑海。我一思忖，对啊！只要有信心，有勇气，就能梦想成真。它像一道光芒照亮了我

迷茫的心灵，顿时给了我勇气和力量。

休息一结束，我早早地来到了那里，看着泛着微波的水面，我不再犹豫，自信地跨进水里。不一会儿，教练来了，他告诉我技巧和方法，我用心地听着，比划着，认真地练了起来。我首先练憋气，"1、2、3！"我深深吸了一口气，一下子把身体浸入水中，周围的水再一次不断地往眼睛、鼻子灌来，就在我快忍不住时，耳边似乎又响起了那句名言"宝剑锋从磨砺出，梅花香自苦寒来。"我浑身充满了力量，我憋紧气，紧闭着眼，低着头强忍着，这回终于憋了 10 秒钟！

"拨水、蹬腿！"随着教练的口令声，我一直重复着这些看似简单的动作，慢慢地，所有动作协调起来了。突然，我的身体轻盈起来了！我觉得自己已经变成了一只"水鸭子"，轻松自由地游了起来。我可以时不时浮上水面换气，探出头来深吸一口，又"扑通"钻下水去，激起的涟漪，一圈圈扩散开去……我小小的心充满了成功的欢乐。

是啊，"宝剑锋从磨砺出，梅花香自苦寒来。"只要有信心，有勇气，就能梦想成真。如今，我把它工整地抄下来，贴在书桌前。它将成为我人生旅程中一座不灭的灯塔，永远指引着我劈波斩浪，驶向成功的彼岸！

同类习作指导

小朋友，读了老师的评点和修改，你是不是有所收获呢？

修改后的《一句名言对我的启发》是不是写得更加真实生动、具体可感，启发深刻呢？

为什么会有这样的不同呢？

一般来说，名言的意思大家都是能够理解和把握的，叙事的文章同学们也是能写清楚的，但是，要写好名言中受到的启发，突出其中的启发意义，就要特别关注事情前后的细节变化、自己的情感体验。在写作时，我们要用心去"体悟"名言的含义和启示，推动情节的发展，写出来的文章才会条理清晰，打动别人。

比如，就上面《一句名言对我的启发》来说，老师修改后，突出了哪些东西呢？

在写学游泳憋气的不容易时，小作者是一笔带过，这样就体会不出期间的困难，老师加上了一句：只要把头扎进水里，我就感觉胸闷气短，周围的水不断地往眼睛、鼻子灌来，一不小心，我一连喝了几口水。连续几次都是如此，使"困难"具象化，鲜活的图景展现在我们眼前，给人印象深刻。同时为后文受到名言启发后的克服困难作好铺垫，形成对比。

小作者在学习游泳中有心情变化，要适时地表达出来，老师进行补充和修改："沮丧极了""顿时给了我勇气和力量""充满了成功的欢乐。"把真实的心情写出来了，既体现小作者在名言的指引下一步步走向成功的心路历程，又推动后面情节的发展。

受到名言指引后小作者有什么心得和表现呢？老师补充了：我一思忖，对啊！只要有信心、有勇气，就能梦想成真……我憋紧气，紧闭着眼，低着头强忍着，这些写的是什么？有什么作用？写出小作者明白了名言的内涵，在它的启迪和鞭策下小作者的思想、行动发生了变化，这里的转折是小作者进一步"克服困难走向成功"的聚焦点，所以需要进行具体描写，体现文章的层次性和真实感。

小作者成功后，已经变成了一只"水鸭子"了，轻松自由地游了起来。可以补充：我可以时不时浮上水面换气，探出头来深吸一口，又"扑通"钻下水去,击起的涟漪，一圈圈扩散开去……这样细致描写的好处是突出成功来之不易。同时与前文的困难形成强烈对比，巧妙烘托主题。

小作者在名言的启迪下有所感悟最后取得成功，结尾水到渠成地再次点明主题。但这样自然结尾，还没有很好地突出名言在改变人的其他方面的独特作用，所以老师用"如今，我把它工整地抄下来，贴在书桌前。它将成为我人生旅程中一座不灭的灯塔，永远指引着我劈波斩浪，驶向成功的彼岸！"作结，既增加了激励性，符合当时小作者的真实心境，又一次提升主题，使文章更完美。你说是不是呢？

（此文发表于《小学生作文辅导》2013 年第 9 期）

第三章 "格局"因势而改变

把作文变成画
——创意漫画作文

苏霍姆林斯基说："小学生往往用形象、色彩、声音来进行思维。"怪不得小学生特别喜欢卡通类事物。你看，孩子们穿的是米奇的服装，背的是西瓜太郎书包，里面装着史努比系列的文具，连包书的书皮也印着宇宙英雄奥特曼、美少女等图案……童年没有漫画，那几乎是不可能的。

儿童的想象是丰富的，思维是活跃的。从培养学生习作兴趣出发，我们可以创新"漫画作文"。这是一种将漫画创作与写作相结合的方法。教师不拘一格，学生才会创意无限。正因为漫画早已成为儿童生活中不可或缺的一部分，所以在丰富儿童生活的同时也被儿童所熟悉、掌握。孩子常常由于喜爱，动手描摹进而创作。实际上，画简单的漫画对儿童来说并非难事，漫画作文也就成为了可能。比如就"母亲节"话题来说，把感动的母爱情景用漫画画出来，在每一幅画下配上一段文字，学生觉得这样"画"作文很轻松愉悦，特别得心应手，是一种享受，更是一种体验。漫画作文不仅让孩子们轻松表达，"写"下真实的内容，而且它变枯燥为乐趣，培养学生的观察、想象、思维、创新的能力，符合现代语文教育思想，符合学生的年龄特点和认知特点。

习作中借助漫画特有的"口吐真言"的表现形式，适合培养学生说真话、写真事的作文风格。我班上的一位学生的习作《一条红领巾》，用漫画表达同学之间的纯真友谊，不仅图文并茂，而且新颖别致，表达流畅，人物呼之欲出，读起来自有一番趣味。

低中年级情节不太复杂的叙事作文更适合用这种漫画方式来表达。在平时习作训练中我告诉学生把作文变成画，先要做到心中有素材，脑子中就会形成画。单元作文关于"环保"的习作，我让学生用漫画作文的形式进行创意表达。学生满怀信心地画出生动活泼、图文并茂的漫画故事。收上来的作品内容丰富多彩，有《有家难归》《你我动手 美化家园》《一条小鱼的旅游》等，每一幅画都主题鲜明，情节连贯，简洁的语句穿插其间，与漫画相得益彰。对于漫画作品中的是与非，美与丑，文明与野蛮，学生都分得清、道得明。这样进行漫画作文，变枯燥乏味的作文为兴趣盎然的画作，孩子们用漫画形式表达出关注环保，整洁环境的思想感情。思想主题从画面中汩汩流出，一目了然，清浅、自然。

漫画作文作为一种创意作文方式，作为作文教学的创意延伸，可以激发学生的浓厚兴趣。漫画作文有"趣"，充分激发孩子学习动机，寓作文于漫画活动中，学生视作文为乐事；漫画作文有"真"，鼓励孩子表达真情实感，把心中的文字融合在漫画中；漫画作文更有"活"，注意发展学生的智力，使学生善于观察、想象和思维，提高综合能力，养成"大语文"意识。

附：漫画作文

一条红领巾

浙江省绍兴市上虞区城东小学四 2 班 章森杰

指导老师：何斐

记得那年夏天特别热，老师规定每个同学上学必须戴上红领巾。可是我们几个叛逆学生都想跟老师"唱反调"。于是，我们几个就不戴红领巾来上课。

"你说老师怎么了？大热天的叫我们在脖子上围上这么一条热'围巾'"。我的死党王子路抱怨道。"我们不是没戴嘛。"我拍拍胸加上一句，觉得我们就是团结的"铁哥们"。

正当我们聊得开心时，一名"小将"来报，班主任中午要来一次一网打尽的行动，谁要是被捉到，罚抄课文五遍。天哪，那长篇大论五遍抄好之后，这手不就变"鸡爪"了嘛！我的死党纷纷找自己在班上的"亲朋好友"，希望能借一条红领巾。只有我呆呆地坐在位子上，我根本没地方可借，谁让我平时总是趾高气扬的呢。

这时，一个甜甜的声音传入了我的耳朵："借我的吧。"是谁啊？是哪位天使姐姐在帮助我啊？随着声音找去，原来是我们班的中队长严思佳。我像见到了救星似的，连忙把红领巾套上脖子，连句"谢谢"都没说。我顺利通过了检查，结果严思佳被罚抄课文五遍。

这时，一股暖流涌上了我的心头，如果刚才她不借我红领巾，也许现在抄课文的是我。我的心里充满了各种滋味。

从那以后，我遵纪守法。另外，我还在书包里放进了许多文具和红领巾。因为我也要向严思佳一样帮助同学。人家都说亲情可贵，而我从一条红领巾上感受到友谊的可贵。

在手机上说微作文

——微信式作文

  50 年前，麦克卢汉在《理解媒介》中提出："媒介是人体的延伸。"当今社会智能手机盛行，手机触摸屏幕的改进直接导致了信息传递方式的改变，各种电子阅读器、App 或者统而言之"新媒体"，已经取代纸媒，成为信息传播的第一载体。屏幕可谓是人类最新面对的另一张"纸"。我们可否让智能手机也作为"作文"延伸的载体呢？答案是肯定的。

  传统作文是写在纸张上的，但我们改变一下方式，用"屏"作纸，孩子会感觉轻松、好玩，从而爱上习作呢！一二年级的孩子识字量还不大，特别是生字"读写分开"后，低段优秀的孩子即使很多字能认识，但也不会正确书写，导致了写话时受文字表达的限制。如果我们利用智能手机的录音功能、微信平台，以说代写，激发兴趣，那么在随手把玩时就可以形成一篇篇微习作。

我的美篇 - 美篇

呼伦贝尔草原上的草长得又绿又密际。我们在牛羊成群，风景如画的草了一场特别的足球赛，感觉真是太棒哦

一、记录一段美妙旅程

  现在年轻父母陪孩子外出游玩的很多，在参观游玩一个地方，面对一处美景，一个印象深刻的场景，孩子会和你叽叽呱呱说个不停，这是个写话契机，让孩子对着手机说上一段话，家长转化成文字，稍作修改，配上照片，一篇图文并茂的微作文就完成了，发到朋友圈，还可以收获到很多个赞呢！这是吕煊宸小朋友读一年级时在内蒙古草原上踢足球的情景。他怀着激动的心情对着手机说了一篇《在大草原上踢足球》的微作文，可有

意思啦！

二、体味一种别样心情

俗话说"六月的天，小孩的脸"。在生活中，孩子们遇到各种事情，心情变化很明显，但又转瞬即逝，对着手机说一说，一篇微作文就留下来了，一段成长的时光就珍藏起来了。日后翻看，自己都会忍俊不禁呢。一年级谢逸轩小朋友就用说的方式表达了自己当时的心情，孩子的妈妈录下了他的话，还拍下了当时的场景照片。

痛：吃牛排惹的祸

三、描绘一番美好风景

大自然的景物是美妙的，春光里，杨柳依依，婀娜多姿，金灿灿的油菜花尽情绽放，桃红柳绿、莺歌燕舞。家长们喜欢来个随手拍，在拍好的照片中，让孩子配上一段解说，一幅照片就成了一篇写春天美景的微作文了。这样图文并茂的口说作文是鲜活的、灵动的，同时也记录了一段美好的亲子时光。

随走、随看、随说的好处就是轻松自在，孩子没有心理压力，休息时让孩子自己听着一段一段精彩的语句，成就感肯定会爆满。

四、记录一件动人小事

童年生活中的各种小事情，都是孩子们成长的难忘印痕，劳动、军训、义卖……成为童年生活的颗颗"珍珠"，串一串，就成了生活作文的"项链"。我们都可以轻松自在地开展微习作练习，看看下面两篇微作文，是不是给你带来很多启发呢？

这些都是单幅的一图一事，便捷快速。有时，我们也可以做成连续性的几幅照片加文字的微作文，这是二年级徐思艺小朋友在参加"环保小画家爱心义卖"时活动的情景！这样的微作文深深吸引着我们！

（一）　　　　　　　（二）　　　　　　　（三）

　　有了智能手机上说微作文这个创意无限的载体，孩子们表达的障碍减少了，创作的空间增大了。孩子们在轻松的氛围里微习作随时可练，作文水平自然就得到明显提高。

创建书香班级 缤纷童年乐园

巴丹在《阅读改变人生》一书中说的好：阅读不能改变人生的长度，但可以改变人生的宽度，阅读不能改变人生的起点，但可以改变人生的终点。阅读是什么？阅读是一个人精神成长的重要渠道，是文化传承的必要途径。正因为阅读有着如此重要的意义，我的理想就是创设出积极向上、清新高雅、健康文明的书香班级，让孩子们在潜移默化中与书为伴，与书为友，开阔视野，陶冶情操，提升写作能力，让书香飘逸在孩子们的心中。

一、创设别致的阅读环境，激发阅读的原动力

每个孩子心中都有一种阅读的原动力，就看能不能用合适的方式引导出来。班级是学生每天所在时间最长的一个场所，班级里任何一处的布置都将对学生产生潜移默化的影响。在教室布置上我积极创设浓郁的书香气息，激发孩子们阅读的原动力。

1. 设计精巧，让室内书香飘逸

对教室各板块设计的命名上，我充分发挥学生主观能动性，围绕"书香"征集命名，通过讨论并最终确定各板块的名称，我们班级的主题是"书香智慧乐园"，读书口号"我是快乐的小书虫"；黑板报上张贴着几条特别醒目的读书格言，"书籍是人类进步的阶梯""读书有三到，所谓眼到，

手到，心到"……每句话一条，这些纸条组合成一个箭头形状，表示我们在不断进取、前进。孩子们最感兴趣的就是"读书之星就是我"的评比栏了。每周我都会把班级内孩子特别喜欢的书推荐在"好书推荐"栏目里，许多孩子都能主动去购买这些好的读物。在师生的共同努力下，整个班级环境给人以清新淡雅又充满书卷味的视觉与心灵的双重享受。

2. 设立图书角，让阅读心情舒畅

班级的图书角是必不可少的，书柜的周围摆放着美丽的花卉，营造一种舒适、和谐、安静的书香氛围。图书角的书种类很丰富，有世界名著、自然书籍、人物传记、优秀习作等。我们每一个月就换一批书，把最新的好书不断地充实进来。倡议学生量力而行，每学期为班级捐几本好书。另外，鼓励学生往班级"存书"。那些被看过的书成为家里的摆设很可惜，把它定期放在班级，发挥更大的作用。有时根据学校教育主题周活动，我们特别开辟出一处"红色读书角"，或者"国学故事栏"……这儿是同学们阅读的小天地，课间、午间，常常可见三五成群的同学或倚墙读，或站着读，或坐着读，学生享受到一份休闲阅读的惬意与快乐。

3. 展示书目，让阅读劲头长存

阅读过程中，学生之间喜欢打听谁谁读了什么好书，这是一种很美妙的心灵影响与感染，为使阅读氛围深度营造，我创设了一种别致的让阅读"无限延展"的方法——"展书名"评比栏。在教室后面的成果板块用表格形式，孩子每阅读完一本书，可以把书名写在贴纸上，张贴到自己名字的那一栏，尽情展示自己的阅读轨迹，随着阅读书目的增多，阅读栏越来越长，阅读之书一览无余，给学生很大的成就感和满足感，那种比赛的劲头就会得以极大的调动。平时学生喜欢围着这儿指点着，讨论着，这些评比栏不断引领学生向"好书更多处漫溯"。

班级书香环境的无意渲染与有意营造给学生带来别样美好的心理感受，对阅读的热爱在不知不觉中滋生和发展，从而激发学生阅读的原动力。这种动力是绵长而持久的，因为它来自学生内心深处的需要。

二、铺设班级阅读的梯度，凝聚阅读的向心力

1-2年级的儿童求知欲非常旺盛，对于课外读物很感兴趣，学生的脑子里充满着奇思妙想，特别喜欢看具有浓厚幻想色彩的故事。在浩如烟海的书

籍中，我总是帮助孩子选择富有情趣的阅读书籍，授予适当的阅读方法，铺设梯度，凝聚阅读的"向心力"。

1. 妙引"方塘"之水，以发掘经典书籍的力量

从一年级入学开始，我就制定班级阅读计划认真推进阅读实践，一年级上册我们从简单的《365夜儿歌》入手，每天阅读和背诵一篇，二年级时逐渐走向《小古文100课》，两年下来，在我的引导下学生已经背完了整整上下两册100篇，积累了很多小古文知识。这期间教师穿插推荐经典读物，要求每天不少于半小时的课外阅读时间。同时我注重语文教材中的经典文章的辐射功能，以此为基点，巧妙引导，让学生走进更多经典书籍。如学习《丑小鸭》，课后介绍了安徒生的资料并列举出了安徒生其他的代表作。我认为这是一次很好的走进安徒生的机会，我鼓励学生每人都购买一本《安徒生童话》，不断挖掘经典书籍的魅力。并约定在一周后举行一次"安徒生童话故事大赛"。学生一听要举行讲故事比赛个个兴奋不已，倾心投入，故事讲成功了，安徒生的一系列文章在学生心中留下了深刻印象。秦文君指出，"儿童文学不是小狗小猫，不是消遣，笑声过后就结束了。在看似简单的故事的背后，有着思想和理性的支撑，那才是儿童文学的灵魂。它就像一根蜡烛，照亮了孩子的内心。"的确，从小看童话长大的孩子与从没看过童话的孩子有很大不同。

到中高年级时，我引导学生通过书籍去了解世界，《爱的教育》《小思想家在行动》……在阅读经典的日子里，他们喜欢作家描绘的生活，能很自然地走进作品，和作品中的人物同悲同喜。小王子、童喜喜、青铜、葵花……一个个鲜活的人物形象如影随形，学生的生活、学习也变得多彩起来，作品中蕴含的真善美将成为发展孩子心智的一把金钥匙，阅读和写作的"向心力"自然形成。

2. 开设班级读书会，以舒展丰盈美丽的思想

每次上公开课，不同执教的老师总是夸我们班同学思维开阔，反应灵敏，阅读面广，写作能力强。我想，这就是阅读的功劳吧。阅读，让学生拥有了一对飞翔的翅膀。从一下年级开始每周一节的阅读课上，"同读一本书"开始融入我们的"阅读生活"。我们一起读《夏洛的网》，学生被感动得落泪；一起读《猫逗》，教室里"学猫叫"长短粗细变化不一，学生快乐至极，一

起抑扬顿挫地背诵古文……去年安徽省宁国市某校教师来我校考察，我执教了一节阅读指导课，选自《小古文100课》中的《菊》取得极好的阅读效果，学生对小古文的诵读热情越来越高涨了。有位名人说过："我们要让孩子通过班级读书会打开那一扇扇窗，要让他们从阅读中感受到学习、创造和成长的乐趣，强壮精神，和谐发展。"

随着孩子们阅读速度的加快，书也一本一本被孩子们读完了，经常有孩子在课间问我："老师，还有什么书好看？"我适时地向他们开列一些读书清单，定期开展阅读交流让学生舒展丰盈美丽的思想。

在《夏洛的网》读书活动中，我们的话题围绕对整本书的基本印象，朗读最打动自己的句段，重点交流对"友谊"的理解。读了这本书的孩子心间悄悄地藏着那份最真切的感受，我引导孩子进行着无拘无束的交流：

畅谈阅读感悟——夏洛为了真挚的友谊，而牺牲自己的精神值得我们学习。在生活中，我也要像夏洛那样，对朋友多关心、多爱护，特别是在别人遇到困难的时候，更要尽自己的全力去帮助他们。这样，我们的生活才会更加美好。（顾佳瑶）

释放阅读快乐——把手里的糖果分给喜欢的小朋友；跌倒时，小伙伴帮你擦去泪水；虽然这只是简单的微笑，牵手，但我们不用交换，不会利用，仅仅是因为我喜欢你，愿意做你的朋友。（叶含希）

阐述独特的见解——这是一部关于动物之间友情的童话，讲述了一个关于友爱的故事，文中的夏洛用一张爱的大网，挽救了威尔伯的生命，更激起你我心中无尽的爱与温情。（吕易铭）

读一本书，孩子们觉得自己似乎与书中的人物一同成长，一同思考，在交流对话中，学到一些读书的具体方法，思想在舒展。正是在这样个性化的解读中，孩子们顺着他们自己的轨迹，经历自己个性化的阅读人生，一个互补的阅读交流状态就自然展开了，写下来就是一段段打动心灵的文字。

通过班级读书会，一本本有形的书，创造出了无限大的阅读时空。在放飞心灵中，受到情感熏陶、文化滋养，心灵的放飞使孩子们的心变得沉静、柔和。优秀儿童作品中描述的丰富多彩的世界，给孩子们打开了了解世界的窗口，激发了写作的动力，带来了精神上的愉悦和思想上的舒展。班级读书会，对孩子来说实在是一个兼具深度与广度的学习契机。

三、拓展班级阅读的宽度，营造阅读的持续力

书香班级的创设，不能只局限于班级的场地，我们放远目光，在教室亮起一盏盏儿童阅读的明灯的同时，也努力让一个个家庭也点亮一盏盏阅读之灯，对学生阅读而言，多样阅读所带来的效能是无限的、持续的。

1. 不拘一格，引进智慧 APP 阅读

传统的阅读就是阅读纸质文本，为打开阅读的空间，我经常在微信群中给家长推荐优秀的阅读网站，在群中聊书，同时采用"APP+家长参与"的方式，让学生开阔眼界，觉得阅读其实很好玩呢。在保证用眼卫生的情况下，节假日学生在 APP 上进行阅读、在网上听好书，这样就可以做到游玩、阅读两不误，非常方便，提高阅读的效率，丰富阅读的方式。学生很喜欢这种不拘一格，丰富多彩的阅读。一位学生写道：因为有智慧阅读，我的阅读日记和阅读成果随时上传网上，不断激发我阅读好书，听经典故事的兴趣。而且父母也陪我一起看、听，我觉得这样的阅读轻松。坐在公园的草坪上，戴上耳机，静静听一段"凯叔讲故事"，眼睛还可以欣赏周围的美景呢！我鼓励孩子双休日在家长的陪同下去上虞区图书馆看书、网上借书，书城买书……学生像走进了知识的海洋，尽情遨游着。不拘一格的阅读形式，广阔的阅读空间，深深吸引着学生，班级阅读成了持续的"悦读"。

2. 回味童年，开展亲子温馨共读

我的微信群上保存着班级中每个孩子家的小书房图片，保存着一段段家庭亲子共读的视频。开学初，我就向孩子提出，都要布置好自己的小书房，小书柜，地球仪、地图是不可缺少的配置。晚上，在温馨的灯光下，和爸爸、妈妈一起阅读，讨论。我给孩子们推荐的书是分层的，有些是学生自己阅读的，有些是需要和父母一起阅读的，有些是老师带着他们理解阅读的。

从一年级开始，在每次的家长会上，我总忘不了向家长们发出"亲子阅读"倡议："一个孩子今天少读一页书看不出什么变化，明天少读一页书也看不出什么变化，可是一天天过去，日积月累，孩子都差距就拉大了。""亲爱的家长，您要知道分数赢得的是一时，读书赢得的是一世。"方式可以是亲子共同阅读一本书，交换相互看法，还可以是直接朗读给孩子听，睡前阅读尽量选用一些温馨的故事。不知不觉中，孩子享受到和父母共读的快乐了，在孩子们的每周一记中，我感受到这种快乐如白云般澄静，如圆月般温馨——

顾霜吟（班长）：自从妈妈听了何老师的建议，就每天陪我看课外书了。晚上和妈妈一起读书是我最快乐的时光。在明亮的灯光下，我打开新买的《新编成语故事》，我读前一则故事，妈妈读后一则，然后我们合上书本，比赛谁把故事讲得生动，这太有意思了。

偶宸皓（中队长）：我是个小书虫，"啃"起来书来，真是又多又快。记得刚上学那阵子，我没认识多少字，妈妈就每天晚上读给我听，听着听着，我总会不知不觉进入到故事情节中去。现在我能独立阅读了，但我仍然喜欢和爸爸、妈妈一起看书，大家在一起看书，有问题可以共同交流，有快乐可以一起分享。

"智慧阅读""亲子共读"，成了书香班级延伸的一部分，家庭生活也因此洋溢着温馨和愉悦。孩子们的阅读空间变得无限开阔了，在多样阅读中享受到了美好的童年，为人生抹上了一缕亮丽的底色，为童年开启一扇持续阅读之窗。

四、提升班级阅读的效度，营造阅读的巨大磁场

阅读是一个长久、渐进的过程。为班级提升阅读实效，师生共同订阅班级特色阅读活动时间和规则，大家共同遵守、互相督促，营造着持续的巨大阅读磁场。

1. 制定阅读规则，促使人人成为"阅读者"

阅读需要氛围和伙伴，"独学而无友则孤陋而寡闻。"所以我们的书香班级创建，阅读按每六人一个小组，由组长管理制定个人的读书小计划，组名也是自己设定，分别：1 才高八斗组 2 快乐智慧组 3 奇思妙想组……由组长组织建立"好书交换站"，举行"好书漂一漂"活动。在交流中读到好书，真正践行"广读书，博采众长；好读书，缤纷童年"的理念。

每天晨读时，利用好 10 分钟的经典诗歌朗诵时间，让经典开启美好的一天。每天中午 20 分钟，让学生阅读自己喜欢的课外书，在自己小组内交

流收获感受。每天晚上布置学生回家看30分钟以上课外书，准备一两句读后感，次日晨读课上按学号交流，写得好的粘贴到"书香栏"中。我们班涌现出了很多"小书虫"如郑茜予、葛晗雨等，他们啃起书来，简直废寝忘食，谈起书来更是滔滔不绝。阅览室和校园内的石凳上、草坪里，到处留下他们看书的身影。

2. 巧设多元评价，发展个性化阅读能力

每学期在"读书之星就是我"这一活动主题的激励下，孩子们读书的热情一直高涨，每天的阅读情况记录在《阅读存折中》，我每天批改打星，掌握学生的阅读内容和时间。我会在"读书角"他的名字的后面写上这本书的名字，一个月后把书的名字变成所读的书的本数，统计在这位同学名字的后面。期末时按照读书的情况评选读书之星，一切有据可依。阅读完一本书之后，制作成"好书推荐"小小手抄报，学生边读边积累，记录独特的个性化阅读体验，去年班中两位学生在上虞区"好书推荐手抄报"比赛、童谣创编比赛中均获一等奖……阅读的体验内化成阅读能力和写作能力。

3. 深化读书活动，构建多彩的展示平台

为了让不同水平的学生都能有一个平台来展示自己的特长，在班级的活动安排上，围绕学生的不同特点，精心设计不同的展示环节：对于表达能力比较强的学生，让他们上台讲故事，诗文诵读等活动，再安排一位学生进行点评；对于擅长说理的学生进行书中观点辩论……一个学期下来，学生都至少上过

一次台，通过这样的形式，在一定程度上对学生的阅读习惯的养成也是一种促进。

最近三年我教低段，在书香的氛围中，从一年级上学期学生就开始学习写周记了，短短两年，已经在《小学生时代》《作文指导报》《未来文学家》等报刊杂志发表了 10 多篇优秀作文。三年级时每位同学都做了一本特别的"书"，一本精致的个人习作集。这里有孩子们的美好回忆和多彩童年，文字里记载着蓝天白云的美丽，泥土野草的清香；这里有乐趣无穷的体验，鲜活灵动的瞬间。我们的班级也因阅读而精彩，2018 年班级凭着阅读活动扎实高效、丰富多彩，阅读成果丰硕多样，荣获上虞区"十佳书香班级"称号。2020 年元旦，我带的新班级出版了第一期班级作文报《笋芽儿》，四十五位学生的习作人人上报，共印刷了一千份精美的报纸，我们把报纸赠送给联谊学校、友谊班级，还进行线上线下义卖，孩子们深切感受到了阅读、写作带来的满满成就感。我在努力营造书香班级，孩子们沐浴着书香茁壮成长。

行文即将收笔，梅子涵先生说过的一段话涌上心头——让我们都成为孩子阅读的点灯人，给孩子点亮一盏盏文学之灯，让它照着孩子长大，让孩子们更优秀、更完美。是呀，以淡雅的书香润泽学生那一颗颗稚嫩的心田，以知识的甘泉灌溉那一片片亟待开发的园地，让儿童主动地捧起书本，进入缕缕飘逸的书香中，写出一篇篇缤纷的习作，是我和学生最美的契约。我将用一个个坚实的脚步来丈量——丈量书香蔓延的方圆。

附：

本班学生三年级阅读核心框架

一、核心要素：

（一）倡导快乐、高效阅读（悦读）

（二）突破常规阅读

（三）悦读伴随童年

二、阅读年段：三年级

三、阅读框架呈现

（一）悦读启程

1.悦读规划：

（1）童年悦读规划：一至六年级规划，如儿歌、小古文、经典文学等。

（2）学年悦读计划：重点突出三年级悦读计划，含悦读推荐书目。

2.悦读方式：

（1）群体阅读（2）个性悦读（3）亲子共读

（二）悦读空间

1.班级悦读空间：班级图书角、学校悦读吧

2.家庭悦读空间：小书房阅读

3.社会悦读空间：新华书店、图书馆

4.互联悦读空间：悦读网站推荐、微信（QQ）悦读群

5.APP悦读空间：优秀悦读APP的推进

6.旅行阅读空间：学生旅游过程中的悦读推进

（三）悦读成果

1.显性：

（1）获奖成果：争取让学生习作发表于各类杂志报刊、获奖。

（2）物化成果：学生读书笔记、个人习作集、黑板报习作展。

2.隐形：学生的发展。

后　记

让习作充满生活的阳光

何斐

　　《生活镜头习作》是一本小书，因敝帚自珍，我把它看成了一朵娇小的花，它绽放在生活的阳光下，自在地摇曳着，尽情地舒展着。展开时，愿你能感受到书页间散发的、泼泼洒洒的生活气息。

　　若能如此，便是我的幸运。

　　生活是一个万花筒，时时绚丽多彩。热爱生活的我，筛选着生活中的一个个小镜头。在浓浓的生活气息中，在这些美好的生活场景中，我和学生进行"携手共写"，我和儿子开展"亲子写作"，我们用心捕捉，用笔描绘，共同营造着一个"怡写"的乐园。

　　多年来，我一直行走在"自主练能课堂与生活镜头习作"的课改探索路上。生动活泼的习作练能课堂上，孩子们分组上台互评习作，自主讲解优秀习作构思……一切，都有声有色，每一个孩子都能参与进来，快乐交流、自主展练，健康成长！

　　课堂中我们在展练，课堂外我们在观察，节假日我们在梳理和习作。

　　美丽的大自然，五彩缤纷的世界是习作教学的重要自然资源。我们流连在收获的田塍、多彩的公园、幽静的湖畔，和孩子们一起看绿树红花，听百虫啾啾，做快乐游戏，讲动人故事……美丽的"童年印痕"让孩子们的思维活跃，有感而发，描述心中美丽的世界的同时也陶冶了情操。

　　"认识脚下的土地"，引导孩子们去关心自己生活的社会环境，去感受其中的历史激荡和文化底蕴，去关注祖祖辈辈耕耘于这块土地上的付出与收获；去体验邻里和睦相处之情，家里尊老爱幼之德，社会勤俭节约之风等。引领学生搜集社会的热点、焦点，记录所感所想；去发现新鲜的见闻，体验浓浓的乡情、亲情。趁孩子们兴奋之际，提出习作的要求，促使他们把这种振奋之情流于笔端。

浸淫国人情怀的春节，飘着粽香的端午节，阖家团圆的中秋节……带给文化"的博大精深，"孝德文化"的源远流长……传统节日和课程拓展为孩子们打开一扇扇喜闻乐道的窗，也为生活作文妙笔生花打下基础。孩子们小小的心成了一个博大的世界。幸福、欣喜、感动，都是成长的历程。把感触的心路历程表达出来，即是洁净灵魂和芬芳心灵的过程。

"运动生活"解放了儿童的肢体，"游戏生活"解放了儿童的精神，"体验生活"则给儿童营造了一个鲜活的表达载体……这几种载体互融互渗、相辅相成，构成了"生活镜头习作"温润的环境。

走进生活，鼓励学生对生活资源能"明察秋毫"。为更加敏化孩子们的这种感觉，以此为铺垫，我开始记录一篇篇习作指导的随笔，一堂堂习作指导的课堂实录。尽管那其中的颜色都是最朴素最简单的"白纸黑字"，但它却折射出了那段日子和孩子们潜心写作的五彩记忆与情感……

我一边自己写作，一边按此方法指导班级孩子习作、投稿。庆幸那届学生我带了六年，儿子也是同届就读，我就带着教师和母亲的双重身份行进在"生活镜头习作"的实践中。本书中的所有例文都来自我的学生的习作原创，包括我的儿子——徐晨琦。作文是儿童的精神家园，作文是儿童的人生"史记"，读着这些习作，就是读着孩子们成长的每一个难忘瞬间，那里有孩子们的嬉笑与沉思，欢乐与泪水……文字浸染着师生间、亲子间浓浓的情味。

机缘巧合，2010 年我荣幸成为《小学生作文辅导》杂志"金笔尖作文教室"栏目的特约作者。我和孩子们更加欢快地徜徉在生活习作的天地中，我们观察、体验、构思、写作。这一次次倾心投入的喜悦，是我们与"作文辅导"精神相遇后的美丽花开。

在实践中，我的思考逐渐深入，专题习作指导的类型也逐渐丰富起来，撰写的多篇作文教学设计在国家级刊物发表和全国获奖，学生的习作也陆续在各级刊物发表……一春一夏飞逝，一草一木枯荣，那一篇篇小文章就如春燕啄泥般慢慢积累起来了。回望身后一串串足迹的时候，成功的喜悦激励着我和孩子们，我深深感到我们的收获是丰盈的，更是幸福的。因为，有一种理念、一种文韵早已在不经意间轻轻地或是散漫于我们的血管，我们的思想。

这些小小的成绩更激发起了我探索的梦想：梳理一个体系，汇成一本小书！

我的梦想得到了很多领导和师长的支持。原绍兴市上虞区教研室傅智红副主任得知我有这样一个想法后，给予我热情的鼓励。在策划、梳理书稿中给了我很多指导和帮助，是本书的"顾问"。莫国夫、郑志刚老师在百忙之中为本书作序和写推荐语。学校领导、同事们和朋友们对本书的出版提供了诸多的帮助和支持。我的学生们伴随着"生活镜头习作"慢慢成长。本书选择了发表中关于师生、亲子间的大部分作品，让我们共同分享这一份追求的快乐！

真诚感谢让我"梦想成真"的领导、师长、同事和可爱的孩子们。你们让我感受到一路美丽的教学风景。